Julius H. Schoeps

Wem gehört Picassos „Madame Soler"?

Studien zur Provenienzforschung, Band 4

Mit freundlicher Unterstützung der Moses Mendelssohn Stiftung

Die Deutsche Nationalbibliothek verzeichnet diese Publikation in der Deutschen Nationalbibliografie; detaillierte Daten sind im Internet über https://portal.dnb.de/ abrufbar.

Inh. Dr. Nora Pester
Haus des Buches
Gerichtsweg 28
04103 Leipzig
info@hentrichhentrich.de
http://www.hentrichhentrich.de

Korrektorat: Simon Raulf, Sarah Jaglitz
Umschlag und Gestaltung: Gudrun Hommers
Druck: Winterwork, Borsdorf

1. Auflage 2022

Printed in Germany
ISBN 978-3-95565-538-9

Julius H. Schoeps

Wem gehört Picassos „Madame Soler“?

Der Umgang des Freistaates Bayern mit einem spektakulären NS-Raubkunstfall

HENTRICH & HENTRICH

Inhalt

Paul von Mendelssohn-Bartholdy
(1875–1935)

Vorbemerkung

Gemäß der „Washingtoner Erklärung" von 1998 sollen Kunstwerke, die in der Zeit des Nationalsozialismus beschlagnahmt wurden oder unter Druck verkauft oder sonst wie abgegeben werden mussten, ihren einstigen Eigentümern bzw. deren Erben restituiert werden. Knapp 25 Jahre nach dieser wegweisenden Erklärung fällt die Bilanz der erforschten Fälle wie auch der erfolgten Rückgaben von Land zu Land verschieden, teilweise ernüchternd aus.

Im einstigen NS-Täterland Deutschland scheint die Aufklärungs- und Erstattungsquote, umgekehrt proportional zur Masse belegter Raubkunstfälle während der Jahre von 1933 bis 1945, besonders gering. Vereinzelte spektakuläre Fälle schaffen es zwar in die Medien, manchmal sogar ins Kino, doch die meisten Geschichten von Raub, Bereicherung, Vertuschung und Verharmlosung bleiben unerzählt – oder werden erst gar nicht recherchiert.

Diese hier vorgelegte, kurz und prägnant gehaltene Publikation „Wem gehört Picassos ‚Madame Soler'?" – sie kann auch als Streitschrift gelesen werden – bringt Licht in einen von tausenden Fällen, der akribische Aufarbeitung, couragiertes Handeln und mitunter auch starke Nerven verlangt. Vielleicht können die nachfolgenden Ausführungen dazu beitragen, ein Stück Gerechtigkeit in einem zugegebenermaßen ganz speziellen Fall zu schaffen.

Der Streit um das Picasso-Gemälde „Madame Soler" fand in den Medien in zahlreichen Artikeln seinen Niederschlag. Nicht nur „Der Spiegel", der „Stern", die „Frankfurter Allgemeine Zeitung", die „Süddeutsche Zeitung" und „Die Welt", sondern auch internationale Blätter wie die „New York Times" und die „Washington Post" griffen den Fall auf und haben ihn ausführlich beschrieben und kommentiert. „Madame Soler" hat, wenn man so will, eine vergleichbare Aufmerksamkeit gefunden wie die in dem mitreißenden Film „Woman in Gold" geschilderten Auseinandersetzungen Maria Altmanns mit dem österreichischen Staat, bei denen es um die Restitution fünf bedeutender Klimt-Bilder ging.

Bevor wir auf den Restitutionsfall „Madame Soler" im Besonderen zu sprechen kommen und uns mit der Sammlung des Berliner Bankiers Paul von Mendelssohn-Bartholdy (im Folgenden abgekürzt: PvMB) und ihrem Schicksal beschäftigen, soll zunächst einmal geklärt werden, was unter „NS-Raubkunst" zu verstehen ist. Häufig falsch verstanden und mit anderen Begriffen wie „Beutekunst" oder „Fluchtkunst" in eins gesetzt, bezieht sich der Begriff in erster Linie auf Kunstwerke, die während der Zeit des Nationalsozialismus im Deutschen Reich oder in den von der Wehrmacht besetzten Gebieten geraubt bzw. „NS-verfolgungsbedingt entzogen" wurden.

Gemeint sind mit dem Begriff „Raubkunst" bzw. mit der Formulierung „NS-verfolgungsbedingt entzogene Kulturgüter" Bilder, Wandteppiche und andere Kunstgegenstände von Personen, „die von den Nationalsozialisten zwischen 1933 und 1945 aus rassischen, religiösen und politischen Gründen verfolgt wurden". Bei diesen Fällen kann es sich um Beschlagnahmungen oder unter Druck abgegebene Kulturgüter gehandelt haben, aber auch um die Verlagerung von Bildern und anderen Kunstwerken ins Ausland, vornehmlich in die Schweiz und nach Frankreich. In der englischsprachigen Welt hat sich für diesen Sachverhalt der Ausdruck „nazi looted art" eingebürgert.

Rechtlich wird unter dem Begriff „Raubkunst" nicht nur die „Wegnahme" oder „Beschlagnahme" von Eigentum durch die NS-Behörden gefasst, sondern auch die „Weggabe" aus Verfolgungsgründen. Das traf insbesondere auf Personen zu, die bereits unmittelbar nach der Machtübernahme der Nationalsozialisten in Zwangslagen geraten waren und nicht mehr frei über ihr Eigentum verfügen konnten. Unter „verfolgungsbedingten Entzug" fiel auch, was in unserem Zusammenhang bedeutsam ist, der Verkauf von Kunstwerken zur Bestreitung des Lebensunterhaltes bzw. zur Finanzierung einer eventuellen Flucht aus Deutschland.

Das Ausmaß der von den Nazis im Zeitraum von 1933 bis 1945 geraubten oder unter Druck (im Englischen: „under duress") abgegebenen Kulturgüter wird auf rund 600 000 geschätzt, 200 000 innerhalb von Deutschland und Österreich, 100 000 in Westeuropa und 300 000 in Osteuropa.[1] Wie viele noch nicht identifizierte Kunstgüter sich in öffentlichen Sammlungen bzw. in Privatbesitz befinden, darüber können nur Vermutungen angestellt werden.

Im Jahre 2013 enthüllte das Magazin „Der Spiegel", dass sich rund 20 000 Kunstgegenstände aus dem Besitz von Nazis in den Depots des Bundes befänden.[2] Es ist eine erschreckend hohe Anzahl. Verwiesen wurde darauf, dass etwa 2000 Kunstwerke auf 111 Museen verteilt und 600 Gemälde an Amtsstuben und Botschaften gegeben wurden. Dutzende von Kunstwerken aus den persönlichen Kunstsammlungen von Adolf Hitler

---

1 Stellungnahme bei einer Anhörung von Jonathan Petropoulos am 10. Februar 2000 vor dem United States House Committee on Financial Services in Washington.

2 Vgl. Stefan Winter, Braune Beute, in: Der Spiegel, 5/2013.

und Hermann Göring wurden zu Schleuderpreisen verkauft. Die Erlöse gingen allerdings nicht an Opferverbände wie die „Claims Conference" oder an andere jüdische Einrichtungen, sondern wurden bedenkenlos von der Staatskasse vereinnahmt.

Einige dieser Raubkunstfälle haben für Aufregung und Irritationen gesorgt, etwa der Hinweis, dass Carl Spitzwegs Gemälde „Justitia", das dem in der Tabakbranche tätigen Leo Brendel abgepresst worden war, von 1961 bis 2006 in den Amtsräumen von acht deutschen Bundespräsidenten hing, zuerst in der Villa Hammerschmidt in Bonn, dann im Bundespräsidialamt in Berlin. Die Historikerin und Provenienzforscherin Monika Tatzkow, die dieser ominösen Angelegenheit nachging, konnte den Nachweis führen, dass es sich bei dem im Bundespräsidialamt hängenden Spitzweg-Gemälde eindeutig um NS-Raubkunst handelt.

Wie bei solchen Fällen häufig, gab es auch hier eine Vor- und eine unerfreuliche Nachgeschichte. Die Witwe von Leo Brendel, des einstigen Besitzers des Spitzweg-Gemäldes, der 1940 im KZ Buchenwald ums Leben kam, hatte sich in den 1950er Jahren bei den zuständigen deutschen Behörden in Berlin bemüht, Entschädigungsansprüche geltend zu machen, was ihr aber misslang. Das zuständige Entschädigungsamt lehnte, wie das in diesen Jahren auch bei anderen Fällen häufig vorkam, ihren Antrag mit der Begründung ab, die notwendigen Beweismittel würden fehlen, um die Eigentumsansprüche zu belegen.[3]

Das Bild „Justitia", das am 1. August 1961 dem Bundespräsidialamt für repräsentative Zwecke übergeben wurde, war bis vor kurzem noch im Besitz des Bundes. Das Bundesfinanzministerium, dem die entsprechenden Unterlagen mit dem Hinweis übergeben worden waren, dass es sich bei diesem Gemälde eindeutig um NS-Raubkunst handele, hatte sich zunächst gegen die Herausgabe des Bildes gesperrt.

Erst als die Medien den Fall aufgriffen und skandalisierten, kam Bewegung in die Angelegenheit. Das Bild wurde noch 2017 im Leopold Museum in Wien ausgestellt – wohlgemerkt immer noch als offizielle Leihgabe der Bundesrepublik Deutschland, versehen mit dem Vermerk, es sei durchaus möglich, dass das Bild den rechtmäßigen Eigentümern NS-verfolgungsbedingt entzogen worden sein könnte.[4] Der öffentliche

3 Vgl. Monika Tatzkow, Leo Brendel, in: Melissa Müller/Monika Tatzkow, Verlorene Bilder. Verlorene Leben. Jüdische Sammler und was aus ihren Kunstwerken wurde, München 2014, S. 61–71.

4 Vgl. Susanne Hermanski, Viel zu viele Fragen. Carl Spitzwegs „Justitia" wird jetzt in München versteigert, in: Süddeutsche Zeitung, 6. März 2020.

Druck führte schließlich dazu, dass das Bundesfinanzministerium das Bild freigab. Im Mai 2020 wurde das Gemälde von einem Münchener Auktionshaus für 550 000 Euro versteigert und ging an einen deutschen Privatsammler.

Die genauere Prüfung der Provenienz eines Bildes in den Museen und Auktionshäusern ist erst in jüngster Zeit üblich geworden; sie geht zurück auf die in den späten 1990er Jahren begonnenen Bemühungen, den Verbleib während der NS-Zeit geraubter bzw. unter Druck zu Spottpreisen verkaufter, beschlagnahmter, abgepresster oder nicht bezahlter Kulturgüter zu klären. Ziel dieser Bemühungen war und ist es, die rechtmäßigen Erben ausfindig zu machen und Rückerstattungen gegebenenfalls zu ermöglichen. Dass das nicht immer möglich ist, erschwert häufig die Rückgabeprozeduren.

Bei dem Picasso-Gemälde „Madame Soler", um das die PvMB-Erben mit den Bayerischen Staatsgemäldesammlungen (im Folgenden abgekürzt BStGS) seit nunmehr 15 Jahren streiten, handelt es sich um ein Porträt, das die Frau eines Schneiders zeigt, der sich in Barcelona mit Picasso anfreundete und der den Künstler in unruhigen Zeiten mit Kleider- und Bargeldaufträgen unterstützte. Es ist ein Gemälde, eine Ikone der Kunstgeschichte, welches der sogenannten Blauen Periode Picassos zugerechnet wird.

In seinem Buch „Das Erbe der Mendelssohns"[5] hat der Verfasser die Geschichte der Kunstsammlung PvMBs beschrieben, allerdings war es der Kenntnisstand von 2009. Mittlerweile wissen wir durch angestellte Nachforschungen mehr über das weitere Schicksal dieser Sammlung. So kann einiges mehr über die Umstände gesagt werden, unter denen sich PvMB von seinen Picasso-Bildern trennen musste. Damals, als das „Erbe der Mendelssohns" verfasst wurde, stand Picassos „Madame Soler"-Porträt allerdings nur am Rande der Betrachtungen. Der Fokus verlagerte sich erst nach dem Erscheinen des Buches.

Wie das Picasso-Gemälde „Madame Soler", das gegenwärtig sich im Besitz der Münchener Pinakothek der Moderne/Neue Pinakothek befindet, im Jahr 1964 in den Besitz der Bayerischen Staatsgemäldesammlungen (bis 2002 Haus der Kunst, bis 2008 Pinakothek der Moderne, seit 2008 Neue Pinakothek) kam, ist das Thema der vorliegenden Buchpublikation. Den teilweise mysteriösen Umständen im Zusammenhang mit dem Ankauf des „Madame Soler"-Bildes aus der Sammlung von Paul von

5 Julius H. Schoeps, Das Erbe der Mendelssohns. Biographie einer Familie, Frankfurt am Main 2009, S. 294 ff.

Mendelssohn-Bartholdy durch die BStGS wird auf den folgenden Seiten detailliert nachgegangen.

Dem Verfasser, im Übrigen ein Großneffe PvMBs und einer der Sprecher der PvMB-Erbengemeinschaft, geht es aber auch um den Nachweis, dass es sich bei dem „Madame Soler"-Gemälde nicht um irgendeinen x-beliebigen Streitfall, sondern um einen nicht korrekten Ankauf seitens der BStGS gehandelt hat. Das Bild, das 1964 von den BStGS erworben wurde, ist nach Ansicht der PvMB-Erben ein in der Nazizeit „NS-verfolgungsbedingt entzogenes Kunstwerk". Der Fall, der im Folgenden geschildert wird, hat in den letzten Jahren für einige Aufmerksamkeit gesorgt und eine große Resonanz erfahren.

Um zu verstehen, wie die tatsächlichen Umstände dieses strittigen Falles einzuschätzen und zu bewerten sind, werden in einem Anhang zu den nachfolgenden Ausführungen einige Dokumente dem Leser noch einmal vorgestellt, die in der Debatte um das Gemälde eine Rolle spielen. Es sind zum einen die „Washingtoner Erklärung" von 1998 sowie die „Berliner Erklärung" aus dem darauffolgenden Jahr und die dazu gehörenden „Handreichungen".

Des Weiteren gelangt in der Dokumentation eine „Stellungnahme" des Verfassers zum Abdruck, die dieser vor dem „Ausschuss für Kultur und Medien" des Deutschen Bundestages am 2. Dezember 2015 abgegeben hat. Vorgestellt wird auch die Kleine Anfrage der Fraktion „Die Linke", die von der abgetretenen Bundesregierung am 10. Mai 2019 ausführlich beantwortet wurde. Mit diesen Fragen und den dazugehörigen Antworten werden die wesentlichen Punkte angesprochen, die Aufschluss darüber geben, was bisher in der Restitutionsproblematik in den letzten Jahren fehlgelaufen ist – und deshalb kontrovers diskutiert wird.

Den Abschluss der im Anhang abgedruckten Dokumente bildet die „Washington Declaration" vom 15. Juli 2021. In dieser „Declaration" haben der gegenwärtige Präsident der Vereinigten Staaten Joe Biden und die deutsche Bundeskanzlerin Angela Merkel anlässlich ihres letzten Besuches in den Vereinigten Staaten, der noch in ihre Amtszeit fiel, ein ausdrückliches Bekenntnis zu den Menschenrechten und zu den demokratischen Grundsätzen, Werten und Institutionen abgelegt. Der Bezug zu der „Washingtoner Erklärung" von 1998 ist zwar nicht ausdrücklich vermerkt, sollte aber durchaus mitgedacht werden.

„Die Grundlage unserer Beziehungen", heißt es in dieser Erklärung, „ist das gemeinsame Engagement für demokratische Grundsätze, Werte und Institutionen. Gemeinsam werden wir die Rechtsstaatlichkeit aufrechterhalten, Transparenz und gute Regierungsführung fördern und die Zivilgesellschaft und unabhängige Medien unterstützen. Wir werden die Rechte und die Würde aller Menschen verteidigen und Ungerechtigkeit und Ungleichheit bekämpfen, wo immer sie auftritt".

„Wir treten", heißt es in der Erklärung weiter, „für die universellen Werte ein, die der Charta der Vereinten Nationen zugrunde liegen, und verpflichten uns gemeinsam, die Achtung der Menschenrechte überall zu fördern, auch indem wir Menschenrechtsverletzungen ablehnen und gemeinsam darauf reagieren. Wir müssen jetzt handeln, um zu zeigen, dass die Demokratie für unser Volk zu Hause und die demokratische Führung für die Welt etwas bringt."

In den nachfolgenden Ausführungen wird nicht nur die strittige Frage behandelt, wer der rechtmäßige Eigentümer des Picasso-Gemäldes „Madame Soler" ist, sondern auch, ob die Bundesrepublik Deutschland, und somit ebenfalls der Freistaat Bayern, wirklich bereit sind, sich an die Prinzipien der „Washingtoner Erklärung" von 1998 zu halten. In dieser von der Bundesrepublik Deutschland mitunterzeichneten Erklärung wurde seinerzeit von „fairen und gerechten Lösungen" gesprochen, wenn es darum gehen sollte, NS-Raubkunstgüter überlebenden Opfern des NS-Terrors bzw. deren Erben zu restituieren.

In den nachfolgenden Ausführungen vermeidet der Verfasser, von sich in der Ich-Form zu sprechen. Er bezeichnet sich ganz bewusst als „Autor" bzw. „Verfasser". Dazu hat er sich entschlossen, weil, wie er meint, aus der Sicht des Historikers professionelle Distanz zu wahren ist, aber auch, weil er als einer der Sprecher der PvMB-Erben den Vorwurf der Parteilichkeit möglichst vermeiden möchte. Dass das nicht immer möglich ist, versteht sich von selbst. Der Leser, der bereit ist, sich in die Ausführungen zu vertiefen und die Hintergründe des Streits verstehen will, wird diese Entscheidung hoffentlich akzeptieren.

Für wertvolle Hinweise, wichtige Mitteilungen und Hilfen der verschiedensten Art sei an dieser Stelle ausdrücklich Freunden und Kollegen gedankt. Zu nennen sind insbesondere Bogomila Welsh-Ovcharov, Irena Strelow, Peter Schüring, Olaf Glöckner, Sarah Jaglitz und William Lerner. Sie alle haben, wohlgemerkt jeder/jede auf seinem/ihrem fachlichen Gebiet, mit dazu beigetragen, dass das Buch in der vorliegenden Fassung erscheinen kann. Für den Inhalt der vorliegenden Publikation sowie für die getroffenen Aussagen, Schlussfolgerungen und Wertungen zeichnet einzig und allein der Verfasser verantwortlich. Das sei, auch wenn das selbstverständlich sein sollte, an dieser Stelle ausdrücklich noch einmal betont.

Der Umgang der Bundesrepublik Deutschland mit NS-Kulturgutverlusten

1. Die „Washingtoner Erklärung“ (1998), die Einrichtung der „Koordinierungsstelle für Kulturgutverluste“ (2002) und der „Beratenden Kommission“ (2003)

Selten hat sich ein Bundesland bei der Bearbeitung von Raubkunstfällen so schwergetan wie der Freistaat Bayern im Falle von Picassos Gemälde „Madame Soler“. Einerseits weigert der Freistaat sich, eine Restitution für die Erbengemeinschaft Paul von Mendelssohn-Bartholdy in Angriff zu nehmen. Zum anderen lehnt er auch, was mittlerweile zum eigentlichen Streitpunkt geworden ist, eine Prüfung durch die „Beratende Kommission“ ab, welche seit 2003 existiert und in Konfliktfällen vermitteln soll.

Der Journalist Jörg Häntzschel hat den Sachverhalt in der „Süddeutschen Zeitung“ vom 9. Juni 2021 kopfschüttelnd kommentiert und ausdrücklich noch einmal auf die „Washingtoner Erklärung“ (Washington Principles) verwiesen, in der sich die Bundesrepublik Deutschland, und damit auch der Freistaat Bayern, am 3. Dezember 1998 zusammen mit 43 anderen Staaten verpflichtet hatte, nicht nur NS-Raubkunst den Opfern bzw. ihren Erben zurückzugeben, sondern auch in strittigen Fällen auf eine gütliche Lösung hinzuwirken.

Was bezweckten die einstigen Protagonisten mit der Verabschiedung der „Washingtoner Erklärung“, auf die sich die Paul von Mendelssohn-Bartholdy-Erben mit ihren Restitutionsforderungen berufen? Vorausgegangen war der „Erklärung“ die „Washington Conference on Holocaust-Era Assets“ (Washingtoner Konferenz über Vermögenswerte aus der Zeit des Holocaust), an der nicht nur 44 Staaten, sondern auch zwölf nichtstaatliche Organisationen, insbesondere jüdische Opferverbände, sowie der Vatikan mitgewirkt hatten.

Das Ergebnis der Konferenz in Washington war die Festlegung von elf „Leitsätzen“, nicht jedoch die Verabschiedung „verbindlicher völkerrechtlicher Verpflichtungen“. In einer eher schwammig gehaltenen Präambel zu den „Prinzipien“ war im Dezember 1998 festgehalten worden, dass die Teilnehmerstaaten unterschiedliche Rechtssysteme haben und die Länder deshalb angehalten sind, im Rahmen ihrer eigenen Rechtsvorschriften zu handeln. Die rechtlich nicht verbindliche Erklärung, oft auch als „soft law“ und eher moralischer Impetus betrachtet, hat, so scheint es, neben allem Positiven in der Vergangenheit wohl auch zu mancherlei Missverständnissen geführt. Die „Leitsätze“, auf die sich die Teilnehmerstaaten am 3. Dezember 1998 verständigt hatten, liefen darauf hinaus, dass Kunstwerke, die von den Nationalsozialisten beschlagnahmt und in der Folge nicht zurückerstattet worden waren, zunächst zu identifizieren seien. Des Weiteren sollten Anstrengungen unternommen werden, die einstigen Eigentümer bzw. deren Erben ausfindig zu machen. Darüber hinaus sollten Schritte unternommen werden, um in bestimmten strittigen Fällen „eine gerechte und faire Lösung" zu finden. Auffallend ist, dass bei diesen „Leitsätzen" nur die Rede von Kunstwerken ist, die von den Nationalsozialisten beschlagnahmt wurden, nicht jedoch – was ein wesentlicher Unterschied ist – von „NS-verfolgungsbedingt entzogenen" Kulturgütern.

Auf die in Washington von den Teilnehmerstaaten eingegangene „Selbstverpflichtung", Richtlinien zu entwickeln, folgte Deutschland mit einer über die „Washingtoner Erklärung" hinausgehenden „Erklärung der Bundesregierung, der Länder und der kommunalen Spitzenverbände zur Auffindung und zur Rückgabe NS-verfolgungsbedingt entzogenen Kulturgutes, insbesondere aus jüdischem Besitz" (14. Dezember 1999)[6] sowie mit einer „Handreichung zur Umsetzung der Washingtoner Erklärung" (Februar 2001, überarbeitet im November 2007, Neufassung 2019). Den Museen sollte mit dieser „Handreichung" eine Richtlinie zur Handhabe und zum Umgang mit den Beständen vermuteter NS-Raubkunst gegeben werden. Ausdrücklich wurde jedoch darauf verwiesen, dass es sich „um eine rechtlich nicht verbindliche Orientierungshilfe" handele.

Zur Umsetzung dieser „Erklärung" wurde in Deutschland die „Koordinierungsstelle für Kulturgutverluste" mit Sitz in Magdeburg geschaffen. Ziel der Arbeit dieser „Koordinierungsstelle"[7] sollte die Identifizierung der tatsächlichen Eigentümer sein, um den Forschungsauftrag der öffentlichen Sammlungen bestmöglich zu unterstützen. Im Beschluss der Kultusministerkonferenz vom 5. Dezember 2002 heißt es unter Punkt 1: „Für den Fall, dass im Zusammenhang mit der Rückgabe NS-verfolgungsbedingt entzogenen Kulturgutes, insbesondere aus jüdischem Besitz, in Einzelfällen der Anspruchsteller und der über das Kulturgut Verfügende eine Mediation wünschen, wird eine unabhängige Beratende Kommission gebildet, die im Bedarfsfall gemeinsam angerufen werden kann."

---

6 Abgedruckt in: Julius H. Schoeps/Anna-Dorothea Ludewig (Hrsg.), Eine Debatte ohne Ende? Raubkunst und Restitution im deutschsprachigen Raum, Berlin 2014, S. 239 f.

7 Die „Koordinierungsstelle" trägt seit dem 22. Januar 2015 den Namen „Deutsches Zentrum für Kulturgutverluste" (DZK).

Die „Beratende Kommission", die daraufhin von dem Beauftragten der Bundesregierung für Kultur und Medien, der Kultusministerkonferenz der Länder und den kommunalen Spitzenverbänden geschaffen wurde, trat erstmals am 14. Juli 2003 zu ihrer Gründungssitzung zusammen und wählte die einstige Präsidentin des Bundesverfassungsgerichts Jutta Limbach zu ihrer Vorsitzenden. Fortan trug die „Beratende Kommission" den Namen „Limbach-Kommission". Gegenwärtiger Vorsitzender der „Kommission" ist Hans-Jürgen Papier, der bis 2010 Präsident des Bundesverfassungsgerichtes war.

Von Anfang an wurden die Konstruktion und die Tätigkeit der „Beratenden Kommission" von heftiger Kritik aus dem In- und Ausland begleitet. So wird der Kommission vorgeworfen, sie würde in erster Linie im Interesse der Museen handeln und zu wenig die Anliegen der Opfer und der Opfernachkommen im Blick haben. Als ausgesprochener Konstruktionsfehler wurde und wird betrachtet, dass bei einem Restitutionsanspruch nur das betreffende Museum und der jeweilige Anspruchsteller *gemeinsam* vor die „Beratende Kommission" gehen können.

Dass das eine sehr problematische Regelung ist, hat sich alsbald herausgestellt, denn es gelangten nur einige wenige Fälle vor die „Kommission" und wurden von ihr, wie es so schön heißt, in den Sitzungen behandelt und „beraten". Dazu kam, was mit Recht bemängelt wurde, dass es zunächst keine „ausgeglichene Zusammensetzung" der Kommission gab, wie sie ursprünglich in den „Leitsätzen" festgelegt worden war. Letzteres war wohl auch der Grund, warum Opfernachkommen und deren Anwälte kaum Chancen sahen, mit ihren Anliegen von der Kommission angehört zu werden. Vergleichsweise spät hat man sich dazu entschlossen, auch zwei Opfervertreter mit Sitz und Stimme in die Kommission zu berufen.

Viele Opfernachkommen, die das Gerangel um die „Beratende Kommission" aus der Ferne verfolgen, haben überdies den Eindruck, man nehme sie in Deutschland nicht wirklich ernst und würde sie als aufdringliche Bittsteller betrachten. Sie bemängeln, dass nicht die Museen, sondern sie, die Opfer bzw. Opfernachkommen, bei einem abhanden gekommenen Bild oder anderen Kunstwerk den Nachweis führen müssen, dass sie die rechtmäßigen Eigentümer sind, die Museen hingegen müssten diesen Nachweis nicht führen. Dabei sind es eigentlich die Museen, die beweispflichtig sind und belegen müssen, wie sie an ein Bild oder Kunstwerk gekommen sind. Aber das wird keinesfalls überall so gesehen.

Dieser Umstand hat dazu geführt, dass manche Opfernachkommen, die in der Regel außerhalb Deutschlands leben, in Ländern wie den Vereinigten Staaten, Israel, Argentinien, Australien oder Schweden, entmutigt aufgeben, entweder, weil sie nicht über die finanziellen Ressourcen verfügen, um Rechtsanwälte und Provenienzforscher mit den notwendigen Nachforschungen zu beauftragen, oder nicht glauben, dass das überhaupt einen Zweck hat. Nicht wenige verzichten deshalb darauf, Rückgabeforderungen zu stellen. Dazu kommt – was ebenfalls eine gewisse Rolle spielt –, dass manche Opfer und Opfernachkommen mit Deutschland aufgrund der in der Nazi-Zeit gemachten Erfahrungen nichts zu tun haben wollen.

Zu berücksichtigen ist auch, dass im Regelfall nicht ein einzelner Anspruchsteller auftritt, sondern es meist vielköpfige Erbengemeinschaften sind, die Restitutionsansprüche anmelden. Das erweist sich nicht selten als problematisch, weil es äußerst schwierig ist, festzustellen, wer tatsächlich anspruchsberechtigt ist und zu den Erben gehört. Hinzu kommt, dass diese, sofern man sie überhaupt ausfindig machen kann, meist auch noch unterschiedliche Vorstellungen haben, wie im Fall eines zu restituierenden Bildes oder Kunstwerks zu verfahren ist. Mitunter sind auch Konflikte unter den Erben nicht auszuschließen.

Das Problem einer vielköpfigen zersplitterten Erbengemeinschaft hat in der Vergangenheit häufig dazu geführt, dass eine Rückgabe nicht erfolgen konnte. Voraussetzung ist nämlich, dass alle anspruchsberechtigten Erben ausfindig gemacht werden müssen. Genau daran sind manche Herausgabeanträge bereits gescheitert. Die Restitution eines Bildes oder eines Kunstwerkes, so wird seitens der Museen argumentiert, könne nur dann erfolgen, wenn alle Erben ihre Zustimmung gegeben haben, das „Erbe" anzunehmen.

Erst dann, so die vertretene Ansicht, kann das betreffende Museum ein unter NS-Raubkunstverdacht stehendes Bild oder Kunstwerk herausgeben. Bei einer vielköpfigen Erbengemeinschaft geschieht es zudem häufig, dass das zu restituierende Bild oder Kunstwerk bei einem der Auktionshäuser wie Christie's oder Sotheby's landet und dort zur Versteigerung gelangt. Da man ein Bild nicht zerschneiden und in Schnipseln an die Erben verteilen kann, bleibt, wenn ein Bild restituiert werden sollte, meist nur der Verkauf bzw. die Versteigerung durch ein Auktionshaus als Lösung. Nur so können die individuellen Ansprüche der einzelnen Mitglieder einer Erbengemeinschaft am Ende befriedigt werden. Das ist eine der fast zwangsläufigen Folgen, die sich durch diese Auflage der Zustimmung aller Erben ergibt.

Lediglich in Ausnahmefällen, und nur dann, wenn der gute Wille auf allen Seiten vorhanden ist, gelangen Museum und Erbennachkommen zu einer Übereinkunft, nach der das Bild oder das entsprechende Kunstwerk im jeweiligen Museum verbleibt und mit den Erben eine Regelung vereinbart wird, wie dieser Verbleib aussehen soll. Meist ist es eine finanzielle Entschädigung oder, was auch vorkommt, das Zugeständnis der Erben, dem Museum das Bild als Dauerleihgabe zu überlassen.

Die „Beratende Kommission", mit eigener Geschäftsstelle in Berlin, die seinerzeit zum Zweck eingerichtet wurde, Streitigkeiten zu schlichten und gegebenenfalls „Empfehlungen" auszusprechen, hat einen, wie schon eingangs erwähnt, Geburtsfehler. Sie kann nur von dem betreffenden Museum und den Opfererben *gemeinsam* angerufen werden, was in jüngster Vergangenheit häufiger für einigen Unmut bei Erbenvertretern gesorgt hat.

Um aus diesem Dilemma herauszukommen, versicherte Staatsministerin Monika Grütters auf der Konferenz „20 Jahre Washingtoner Prinzipien. Wege in die Zukunft", die im Berliner Haus der Kulturen im November 2018 stattfand, sie werde sich dafür einsetzen, dass künftig die Kommission auch *einseitig* angerufen werden könne. Vorangegangen war dieser Zusicherung die Forderung von Hermann Parzinger, dem Präsidenten der Stiftung Preußischer Kulturbesitz, der das bereits drei Jahre zuvor vorgeschlagen und in die Debatte eingebracht hatte.[8]

Das war jedoch leichter gesagt als getan, denn die unterbreiteten Vorschläge konnten in Deutschland nicht gegen die Widerstände der Länder, der Museen, vielleicht auch nicht gegen die Widerstände im Haus der Staatsministerin durchgesetzt werden. Ernsthaft verhandelt wurde es wohl zu keinem Zeitpunkt. Hätten die Vorschläge gegriffen und wäre es zu einer grundlegenden Reform der „Beratenden Kommission" und des „Deutschen Zentrums für Kulturgutverluste" (im Folgenden abgekürzt DZK) gekommen, hätten manche Probleme, die in den letzten Jahren als unlösbar erschienen, gelöst werden können.

So blieben bisherige Ergebnisse peinlich mager. Der Feuilletonkorrespondent der FAZ, Andreas Kilb, hat im März 2019 konstatiert, dass die „Kommission" in den 16 Jahren ihres Bestehens nur 15 Fälle entschieden hat: Sechsmal hätte sie empfohlen, dem Antrag der Erben stattzugeben, fünfmal, einen solchen Antrag abzulehnen und viermal hätte sie einen Vergleich befürwortet. Der SZ-Redakteur Jörg Häntzschel hat das eine „beschämende Bilanz" (9. Juni 2021) genannt. Hunderte Fälle, so Andreas Kilb in seiner Kritik, hätten der „Kommission" vorgelegt werden können, wenn die „Kommission" nicht so schwerfällig und intransparent agiert und dadurch mögliche Antragsteller abgeschreckt hätte.

8 Raubkunst und Restitution. Washingtoner Erklärung und Limbach-Kommission. Sachstand, Wissenschaftliche Dienste, Deutscher Bundestag, WD 10-3000-061/16, S. 13.

Was den in der Öffentlichkeit vielbeachteten und strittigen Restitutionsfall des Picasso-Bildes „Madame Soler" betrifft, lehnen die BStGS, sprich der Freistaat Bayern, es nach wie vor ab, zusammen mit den PvMB-Erben vor die „Beratende Kommission" zu gehen. Diese ablehnende Haltung des Freistaates ist umso unverständlicher, als die Kommission gerade zu dem Zweck eingerichtet worden ist, strittige Fälle von einem unabhängigen Gremium beraten zu lassen.

Selbst der gegenwärtige Vorsitzende der „Beratenden Kommission", Prof. Dr. Hans-Jürgen Papier, äußerte sein Unverständnis, was die Haltung des Freistaates Bayern betrifft. „Es ist schlicht unverständlich", gab er der „New York Times" gegenüber zu verstehen, „dass ein Staat den Mediationsmechanismus ablehnt, den er selbst geschaffen hat."[9] Beobachter empfehlen denn auch, dass der Freistaat Bayern und die restlichen 15 deutschen Bundesländer, für die stellvertretend die Bundesregierung an der „Washingtoner Konferenz" und an den Sitzungen in Terezín teilgenommen hat, die Autorität der „Beratenden Kommission" nicht boykottieren, sondern akzeptieren sollten.

2. Was bedeutet die in Washington eingegangene Verpflichtung, „faire und gerechte" Lösungen herbeizuführen?

Die deutschen Museen, die sich im Zuge der Washingtoner Verhandlungen verpflichtet hatten, mit den Alteigentümern bzw. deren Erben zu kooperieren, um gegebenenfalls Kunst- und Kulturgüter zu restituieren, die verfolgungsbedingt in der Zeit des Nationalsozialismus aufgegeben werden mussten, wurden mit der Zeit zunehmend zögerlicher in ihren Bemühungen, Kunstwerke zu benennen, die möglicherweise an die vormaligen Besitzer oder deren Erben herauszugeben wären. In erster Linie dürfte das damit zusammenhängen, dass die Verantwortlichen in den Museen von Amts wegen bemüht sind, in ihrem Besitz befindliche Kunstgegenstände möglichst in ihren Sammlungen zu halten. Anträge um Herausgabe von Kunstwerken werden deshalb häufig mit spitzen Fingern entgegengenommen.

Verständnis dafür, dass manche Museen Probleme damit haben, Bilder und Kunstwerke herauszugeben, äußerte der einstige Staatsminister Bernd Neumann, der Beauftragte der Bundesregierung für Kultur und Medien. Das Dilemma der Museen, räumte er ein, könne er durchaus

9 Vgl. Catherine Hickley, Was This Picasso Lost Because of the Nazis? Heirs and Bavaria Disagree, in: New York Times, 8. Juni 2021 und ein kritischer Kommentar Patrick Bahners, Papiers Politik des öffentlichen Drucks. Ein Kommentar, in: FAZ, 26. Juni 2021.

nachvollziehen. Es sei durchaus verständlich, dass sich ein Museumsdirektor nicht gerne von Kunstwerken trennt, die seit Jahrzehnten im Bestand seines Hauses sind. StM Neumann appellierte an diese Direktoren, sie sollten berücksichtigen, dass ihr Verhalten im Widerspruch zur moralischen Verantwortung stehen würde, zu der sich die Bundesregierung 1998 in Washington bekannt habe.

Bei verschiedenen Gelegenheiten machte Bernd Neumann in seiner Amtszeit als Staatsminister (2005–2013) dies deutlich, so etwa bei seinem Grußwort, das er beim Symposium „Verantwortung wahrnehmen" (2009) an die Teilnehmer richtete, in dem er betonte, die „Wiedergutmachung von NS-Unrecht [sei] der Bundesregierung ein besonderes Anliegen". Es sei die Überzeugung der Bundesregierung, dass faire und gerechte Verhandlungen zu führen seien. „Der Zweifel", so StM Neumann seinerzeit, „muss zu Gunsten des Verfolgten sprechen, und es ist gerecht, dass die Beweislast auf Seiten der öffentlichen Einrichtung liegt".[10]

In die Amtszeit des StM Neumann fiel das 10-jährige Jubiläum der Washingtoner Konferenz. Die Tschechische Republik organisierte aus diesem Grund im Jahr ihrer EU-Präsidentschaft eine internationale Konferenz zum Stand der Restitution von NS-Raubkunst. Die Konferenz, die vom 26. bis 30. Juni 2009 in Terezín stattfand, und an der auch Vertreter nichtstaatlicher Organisationen (NGOs) teilnahmen, mündete in der „Terezin Declaration" (30. Juni 2009)[11], die von 46 Staaten unterzeichnet wurde – wobei, das sei ausdrücklich an dieser Stelle vermerkt, die Bundesrepublik Deutschland ebenfalls einer der Unterzeichnerstaaten war.

Die „Terezin Declaration" bestätigte noch einmal die Washingtoner Prinzipien von 1998 und unterstrich erneut die Wichtigkeit (und Notwendigkeit) unabhängiger Provenienzrecherche bei Kunst- und Kulturgütern, die während der Zeit des Nationalsozialismus geraubt wurden oder auf andere Art und Weise von den einstigen Eigentümern aufgegeben werden mussten. Auch in der ebenfalls rechtlich nicht verbindlichen „Terezin Declaration"[12] sprach man sich, wie schon seinerzeit in der „Washingtoner Erklärung", für „faire und gerechte Lösungen" im Umgang mit NS-Raubgut aus.

---

10 Verantwortung wahrnehmen/Taking Responsibility. NS-Raubkunst – eine Herausforderung an Museen, Bibliotheken und Archive, bearbeitet von Andrea Baresel-Brand, Magdeburg 2009, S. 15 f.

11 Abgedruckt in: Schoeps / Ludewig (Hrsg.), Eine Debatte ohne Ende?, S. 275 ff.

12 Michael J. Bazyler / Kathryn Lee Boyd / Kristen L. Nelson, Searching for Justice After the Holocaust: Fulfilling the Terezin Declaration and Immovable Property Restitution, Oxford 2019.

In der „Terezin Declaration", in der man auch auf „NS-verfolgungsbedingt entzogene Kunstgegenstände" einging, wurden die in Washington verabschiedeten „Leitsätze" noch einmal konkretisiert. Die „Leitsätze" wurden in einigen Punkten vertieft und erweitert (siehe Anlage). So wurde u. a. festgehalten, dass Kunstgegenstände und Kulturgüter, die in der Zeit des Nationalsozialismus „entzogen, beschlagnahmt und geraubt" wurden, den Opfern bzw. deren Erben zurückgegeben werden sollten. Für solche Fälle, wurde auch hier betont, sollten „faire und gerechte Lösungen" gefunden werden.

Wie sehr manche Museumsdirektoren sich gegen die Herausgabe einstigen jüdischen Kulturbesitzes zur Wehr setzen, lassen Äußerungen eines führenden deutschen Museumsvertreters erkennen, der erklärte, er habe durchaus Verständnis für das Berufsethos eines Kurators, dessen Pflicht es nun einmal sei, die von ihm betreute Sammlung vor irgendwelchen Rückgabeforderungen und Zugriffen „habgieriger Erben" zu bewahren.[13] „Danach kann sich", so besagter Museumsmann, „ein Sammlungsstück in jüdischem Besitz befunden haben, hat aber zwischenzeitlich das Sammlungsprofil eines Museums geprägt".

Wie auch immer eine solche Bemerkung zu deuten ist: Es war und ist eine Äußerung, die man meist hinter vorgehaltener Hand zu hören bekommt, aber verständlicherweise von den Opfernachkommen und ihren Anwälten nicht akzeptiert wird. Rechtsanwalt Charles Goldstein etwa, Vertreter der „Commission for Art Recovery"(CAR) in New York zeigte sich geradezu entsetzt über diese Stellungnahme. Schließlich, so Goldstein, seien solche Werke, um die es hier gehe, unrechtmäßig in den Besitz der Museen gelangt und nur deshalb in die Sammlungen dieser Häuser gekommen, weil ihre eigentlichen Eigentümer verfolgt und häufig auch umgebracht wurden.

Ähnlich äußerte sich die Rechtsanwältin Agnes Peresztegi, wie Goldstein Mitglied der „Commission for Art Recovery" (CAR). Sie übte scharfe Kritik an den bisher nur unzureichenden Bemühungen, „faire und gerechte Lösungen" herbeizuführen, wie es in der „Washingtoner Erklärung" festgelegt worden war, und bemängelte, dass Deutschland seiner Verantwortung in Sachen Provenienzforschung und Restitution von NS-Raubkunst nur sehr bedingt nachkomme. Die bis dahin unternommenen Anstrengungen seien oftmals nur Stückwerk und litten darunter, dass Bund und Länder, was die Rückgabe von Kunstwerken angehe, sich nicht einigen könnten. Nach wie vor würden sich tausende Fälle von NS-Raubkunst in Deutschlands Museen befinden.

13 Hierzu vgl. Sigrid Hoff, Zehn Jahre später, Deutschlandfunk, 13. Dezember 2008.

3. Hindernisse, die sich im Vorfeld einer möglichen Restitution von NS-Raubkunst stellen

Der Journalist Stefan Koldehoff hat in seinem lesenswerten Buch „Die Bilder sind unter uns" beschrieben, wie manche Museen nach 1945 vorgingen, um ein, wie sie meinten, „drohendes Kulturdesaster" abzuwenden. Um Rückgabeforderungen im Vorfeld zu begegnen, wurden Werke, auf die Opfer-Erben Anspruch erheben könnten, auf die Liste national wertvoller Kulturgüter gesetzt, womit ihr Export verboten und der Ankauf solcher Werke für Sammler im Ausland uninteressant wurde. Hinter Rückgabeforderungen von Opfer-Erben stünde, so der wiederholte Vorwurf, ein rein wirtschaftliches Interesse. Es sei die Pflicht des deutschen Staates, Kunstwerke in den Museen zu schützen und dafür zu sorgen, dass eventuellen Herausgabeforderungen ein Riegel vorgeschoben werde.[14]

Wie kompliziert die Fälle oft sind, zeigt sich in manchen Restitutionsverfahren, bei denen die Antragsteller mit den Empfehlungen der „Washingtoner Konferenz" und der „Terezin Declaration" nicht sehr weit kamen. Als prägnantes Beispiel dafür kann die Debatte um den „Welfenschatz" gelten. Dieser Fall, bei dem es um einen der bedeutendsten deutschen Kirchenschätze des Mittelalters (Kuppelreliquiar, Kreuze, Tragaltäre und andere Reliquiare) geht, der seit Anfang Oktober 1929 jahrelang im Besitz eines Konsortiums jüdischer Kunsthändler war, ist äußerst kompliziert, als sich hier Verschiedenes miteinander vermischt. Zum einen handelt es sich bei dem Schatz tatsächlich um nationales Kulturgut, zum anderen aber auch um einen Fall von NS-Raubkunst.

Das Konsortium jüdischer Kunsthändler musste 1935 gezwungenermaßen den Schatz an den Preußischen Staat unter Wert abgeben. Das geschah nicht aus freien Stücken, sondern unter erheblichem Druck. Dass es sich bei diesem Fall um einen signifikanten Fall von „NS-Raubkunst" handelt, wird zwar seitens der Kunsthändler-Erben und ihrer Anwälte erklärt, aber von der Stiftung Preußischer Kulturbesitz bis heute auf das Heftigste bestritten.

Was aber ist es dann, wenn nicht ein Raubkunstfall? Seitens der Stiftung Preußischer Kulturbesitz, zu der das Berliner Kunstgewerbemuseum gehört, in dessen Ausstellungsräumen heute die Welfenschatz-Reliquien ausgestellt sind, erklärt man, es habe sich bei dem „Verkauf" der Reliquien an den Preußischen Staat um ein „ordnungsgemäßes" Geschäft zwischen Deutschen und Deutschen gehandelt. Die Formulierung gibt zu denken.

---

14 Vgl. Stefan Koldehoff, Die Bilder sind unter uns. Das Geschäft mit der NS-Raubkunst, Frankfurt am Main 2009, S. 228 f.

Es sei, so wird seitens der Stiftung Preußischer Kulturbesitz die Ansicht vertreten, keinesfalls ein „NS-verfolgungsbedingter Zwangsverkauf“ gewesen. Das ist, wenn man sich den Sachverhalt und die Umstände des damaligen Verkaufs genauer ansieht, jedoch eine Verdrehung und Verkennung der damaligen Umstände, denn es ist abwegig, „Geschäfte“ von Deutschen mit deutschen Juden in den Jahren nach 1933 als „ordnungsgemäß“ zu bezeichnen.

Wer so argumentiert, berücksichtigt nicht den historischen Kontext. Das verwundert umso mehr, als für die Historiker feststeht, wie solche Behauptungen einzuschätzen und zu bewerten sind. Keinesfalls darf man die damaligen historischen Umstände, denen das Kunsthändler-Konsortium zu der Zeit ausgesetzt war, ausblenden. Wenn das dennoch geschieht, dann haben wir es mit einer Form von „Geschichtsblindheit“ zu tun, die es unmöglich macht, den Fall so zu sehen, wie er tatsächlich gesehen werden sollte.

In seinem Buch „Düstere Vorahnungen. Deutschlands Juden am Vorabend der Katastrophe (1933–1935)“ hat der Verfasser ausführlich den Druck beschrieben, dem deutsche Juden, auch wenn sie getauft waren und sich als Protestanten oder Katholiken ansahen, bereits unmittelbar nach der sogenannten Machtergreifung ausgesetzt waren.[15] Die Anwälte der Kunsthändler-Erben erklären zu Recht, dass alle „Geschäfte“ mit Kunstgegenständen in Hitler-Deutschland, die nach 1933 mit Juden getätigt wurden, „unter Druck“ erfolgten. Das in Abrede zu stellen, grenzt geradezu an Geschichtsverfälschung und Geschichtsklitterung.

Die damaligen „Geschäfte“ im Zusammenhang mit dem „Welfenschatz“ fallen nach Ansicht der Kunsthändler-Erben und ihrer Anwälte unter die Prinzipien der „Washingtoner Erklärung“ und der „Terezin Declaration“. Bei dem „Welfenschatz“ haben wir es allerdings mit einem Fall zu tun, der zugegebenermaßen komplizierter als andere Fälle ist, aber, wie die bisherige Konfliktlage zeigt, aus unterschiedlicher Perspektive betrachtet werden kann. Fälle wie dieser sind nicht vor Gericht zu lösen. Zielführender wäre es, wenn Museen und Erben sich zusammensetzten, um, wie es in der „Washingtoner Erklärung“ vorgeschlagen wird, nach einer „fairen und gerechten Lösung“ zu suchen.

Aber was heißt nun „fair und gerecht“ im Fall des „Welfenschatzes“? Beide Seiten, die Stiftung Preußischer Kulturbesitz und die Kunsthändler-Erben, hatten gemeinsam die „Beratende Kommission“ angerufen,

---

15 Vgl. Julius H. Schoeps, Düstere Vorahnungen. Deutschlands Juden am Vorabend der Katastrophe (1933–1935), Berlin/Leipzig 2021, S. 91 ff.

nachdem sie sich auf eine einvernehmliche Lösung nicht hatten einigen können.[16] Das Ergebnis war für die Kunsthändler-Erben allerdings eine herbe Enttäuschung, denn die Kommission verabschiedete nach angeblich ausführlichen Beratungen am 20. März 2014 die rechtlich allerdings nicht bindende Empfehlung, den „Welfenschatz" nicht an die Erben zurückzugeben.

Es gäbe, so erklärte man seitens der „Beratenden Kommission", keine Indizien, die dafür sprechen würden, dass die Welfenschatz-Reliquien unter Druck („under duress") abgegeben worden seien. Der unvoreingenommene Betrachter, der sich in den Fall vertieft, kann über dieses Urteil allerdings nur den Kopf schütteln. Im Rückblick bleibt es eine höchst eigenartige Empfehlung, denn sie lässt erkennen, dass der Verfolgungskontext nicht berücksichtigt wurde.

Die Nichtberücksichtigung des Zusammenhangs von Verfolgung und dem Veräußern von Kunstgegenständen dürfte denn auch der Grund gewesen sein, weshalb die Kunsthändler-Erben mit ihren Anwälten im Februar 2015 vor Gericht zogen – allerdings nicht in Deutschland, wo das nach gegenwärtiger Rechtslage (Stichworte: Verjährung, Ersitzung durch Zeitablauf u. ä.) nicht möglich ist, sondern in den Vereinigten Staaten, wo die Gesetzeslage eine andere ist und es möglich macht, dass auch Ausländer eine Klage bei einem US-amerikanischen Gericht einreichen können.

Im Februar 2021 entschied der Supreme Court, der oberste Gerichtshof der Vereinigten Staaten, einstimmig, dass US-amerikanische Gerichte auf Grund der Staatenimmunität mangels Zuständigkeit eine solche Klage nicht annehmen können. Die Stiftung Preußischer Kulturbesitz nahm dieses Urteil als Beleg dafür, dass sie mit ihrer Position und Einschätzung, wem der „Welfenschatz" gehöre, im Recht sei, dabei allerdings verkennend, dass der Entscheid des Supreme Court keinesfalls ein Urteil in der Sache selbst, sondern nur eine Entscheidung darüber war, ob US-amerikanische Gerichte in diesem Fall überhaupt zuständig sind.

Der Fall des „Welfenschatzes" weist, wie im Verlauf der weiteren Darstellung noch zu zeigen sein wird, gewisse Ähnlichkeiten mit dem Fall des Picasso-Porträts „Madame Soler" auf. Auch in diesem Fall kam es zu einer Klageabweisung bei den US-amerikanischen Gerichten und beim Supreme Court. Die PvMB-Erben hatten auch für sich keine andere Möglichkeit gesehen, als einen ähnlichen Weg wie die Kunsthändler-Erben einzuschlagen. In Ermangelung eines Rechtsweges in Deutschland hat-

16 Vgl. Es war kein normales Geschäft. Julius H. Schoeps im Interview mit Sonja Zekri, in: Süddeutsche Zeitung, 5. Januar 2021.

ten auch sie sich nicht anders zu helfen gewusst, als Klage in den Vereinigten Staaten einzureichen.

Im Fall des Picasso-Bildes „Madame Soler" gab es jedoch keine negative Empfehlung der „Beratenden Kommission", wie sie beim „Welfenschatz" ausgesprochen wurde. Anlass, Klage in den Vereinigten Staaten einzureichen, war in diesem Fall, sehr zur Verwunderung mancher Medienvertreter im In- und Ausland, die strikte Weigerung des Freistaates Bayern, den Fall des Picasso-Bildes zusammen mit den PvMB-Erben von der „Beratenden Kommission" verhandeln zu lassen.

Warum, so fragt man sich, weigert sich der Freistaat Bayern so vehement, mit diesem Fall vor die „Beratende Kommission" zu gehen? Hat der Freistaat etwas zu verbergen, was mit dem einstigen Erwerb des Picasso-Bildes 1964 zusammenhängt? Befürchtet man, einen Präzedenzfall zu schaffen? Oder glaubt man, die „Beratende Kommission" könnte eine Empfehlung gegen die BStGS aussprechen? Jede dieser mit einem Fragezeichen versehenen Annahmen könnte für die an den Tag gelegte Verweigerungshaltung der BStGS und des Freistaates Bayern zutreffen.

Dessen ungeachtet, so fragt man sich, müsste es eigentlich doch im Interesse des Freistaates liegen, für eine Klärung der tatsächlichen Eigentumsverhältnisse zu sorgen. Denn es kann nicht unbedingt im Interesse der BStGS sein, dass in einem ihrer Häuser ein Bild an der Wand hängt, welches unter NS-Raubkunstverdacht steht. Auf diesen Umstand, der zum Nachdenken anregen sollte, wird an anderer Stelle und in einem anderen Zusammenhang noch näher eingegangen.

Die Juristin und Hochschullehrerin Baroness Ruth Deech wies bereits am 10. Juli 2009 in einer bemerkenswerten Rede im britischen Oberhaus darauf hin, dass ein Bild in einem Museum, das unter NS-Raubkunstverdacht steht, dem Betrachter eine Botschaft zukommen lässt, die nicht im Interesse des Museums liegen kann: „It is a well known principle in physics that the act of observation changes the object observed and there is something of that principle in our viewing of looted art."[17]

17 Holocaust (Return of Cultural Objects) Bill – Second Reading, Friday, 10 July 2009, in: The parliamentary debates (Hansard). House of Lords official report, Session 2008–9, 29th June, 2009 – 5th October, 2009 (Vol. 712), Column 902–912, hier Column 908.

Paul von Mendelssohn-Bartholdys Gemäldesammlung

4. Welche Kunstwerke befanden sich in der PvMB-Sammlung, wann und wo wurden sie erworben und wie wurden sie präsentiert?
Zweifellos war es eine der bedeutendsten Sammlungen moderner Kunst, die Paul von Mendelssohn-Bartholdy zusammen mit seiner ersten Ehefrau Charlotte, geborene Reichenheim (1877–1946), bereits vor dem Ersten Weltkrieg aufzubauen begonnen hatte.[18] Bis vor kurzem wusste man von dieser Kunstsammlung nur wenig, allenfalls waren es einige wenige Kunsthistoriker und Kunsthändler, die Kenntnis von dieser Sammlung hatten. Erst in letzter Zeit, nicht zuletzt durch die Restitutionsforderungen der PvMB-Erben, wurde Näheres über sie bekannt.

Im Gegensatz zu der aufwendigen Lebensweise und den Kunstsammlungen seiner Verwandten Robert und Franz von Mendelssohn bevorzugte PvMB einen diskreteren und privateren Lebensstil, was dazu führte, dass er seine Sammlertätigkeiten weitgehend vor der Öffentlichkeit verbarg. Nichtsdestotrotz fühlte er sich gemäß der Familientradition als Kunstmäzen der Gesellschaft verpflichtet. So hat er zusammen mit seinen Cousins dem Kaiser Friedrich-Museum zwischen 1907 und 1910 wiederholt unter die Arme gegriffen und, worüber noch später zu berichten sein wird, den Ankauf von Ostasiatica-Objekten für das Museum unterstützt.

Weitgehend vergessen ist, dass PvMB mit seinem Cousin Robert und Eduard Arnhold auf Bitten Hugo von Tschudis sich darum kümmerte, dass für drei Jahre El Grecos berühmtes Gemälde „Laokoon" für einen späteren Ankauf gesichert werden konnte. Das wurde möglich, indem das Mäzenatengespann der Bayerischen Gemäldegalerie, den heutigen BStGS, ein zinsloses Darlehen in Höhe von 330 000 Francs zur Verfügung stellte, womit dafür gesorgt wurde, dass ohne größeren Zeitdruck das notwendige Ankaufkapital aufgebracht werden konnte.

Das Vorkaufsrecht, das durch dieses Darlehen gesichert worden war, blieb allerdings ungenutzt. Statt für den Greco, für dessen Ankauf die notwendigen Mittel zur Verfügung gestellt worden waren, entschied man sich damals in München für den Erwerb eines van Gogh. Heute ist

18 Vgl. Anna-Carolin Augustin, Berliner Kunstmatronage. Sammlerinnen und Förderinnen bildender Kunst um 1900, Göttingen 2018, S. 251 ff.

das zwischen 1610 und 1614 entstandene „Laokoon“-Gemälde eine der Ikonen der National Gallery of Art in Washington.

Die ersten Bilder, die den Grundstock ihrer Sammlung ausmachten, haben PvMB und seine erste Ehefrau Charlotte, denen beiden zu Recht ein ausgeprägter avantgardistischer Kunstgeschmack nachgesagt wird, etwa am Vorabend des Ersten Weltkrieges erworben. Sie sammelten, wie Hans Fürstenberg in seinen Erinnerungen berichtet, „als erste in großem Stil die herrlichsten Bilder van Goghs und Toulouse-Lautrecs“[19], aber auch Arbeiten von Cézanne, Degas und Henri Rousseau.

Welche Bilder befanden sich nun in der von Charlotte und PvMB aufgebauten Sammlung? Als 1933 Hitler und die Nazis an die Macht kamen, umfasste die Sammlung PvMBs nach der Scheidung von Charlotte, die einen Teil der Bilder erhielt, noch etwa 60 Werke. Im weitesten Sinne kann man sie dem Impressionismus und anderen modernen Kunstrichtungen zurechnen. Dass es eine exquisite Sammlung war, hing insbesondere damit zusammen, dass sie Spitzenwerke von Künstlern wie Vincent van Gogh und Pablo Picasso enthielt.

Wann, wo und wie Charlotte und PvMB „ihre“ ersten van Goghs erstanden, haben die Kunsthistoriker inzwischen weitgehend ermittelt.[20] Es geschah, wie wir heute wissen, bereits im Vorfeld der von Paul Cassirer (1871–1926) ausgerichteten van Gogh-Ausstellung im Jahre 1914, in der 151 Gemälde des Malers gezeigt wurden. Drei der van Goghs, die in die Sammlung des Ehepaares gelangten, sind seinerzeit direkt bei Paul Cassirer erworben worden. Andere van Gogh-Bilder kaufte das Ehepaar auf Empfehlung Cassirers bei Heinrich Thannhauser in München, aber auch bei den Pariser Galerien Druet und Bernheim-Jeune.

Zum Zeitpunkt des Ausbruchs des Ersten Weltkrieges befanden sich, wie wir heute wissen, 120 Gemälde und 36 Zeichnungen van Goghs im Besitz deutscher Sammler. Die Mendelssohns, in diesem Fall waren es die Brüder Robert und Franz von Mendelssohn sowie ihr Cousin PvMB, besaßen 19 Werke van Goghs in ihren Kunstsammlungen. PvMB und seine Ehefrau Charlotte hatten elf van Goghs in ihrer Kunstsammlung, von denen sie zwei zwischen 1913 und 1914 von Paul Cassirer erworben hatten.

Auffällig ist, dass es sich bei den van Gogh-Bildern, die PvMB und seine Ehefrau käuflich erwarben und ihrer Sammlung hinzufügten, um Spät-

---

19 Hans Fürstenberg, Erinnerungen. Mein Weg als Bankier und Carl Fürstenbergs Altersjahre, Wiesbaden [1965], S. 65.

20 Vgl. Bogomila Welsh-Ovcharov, The fifth Generation of the Mendelssohn Family as Art Collectors, in: Sebastian Panwitz und Roland Dieter Schmidt-Hensel (Hrsg.), 250 Jahre Familie Mendelssohn, Hannover 2014, S. 309 ff.

werke van Goghs aus den Jahren 1888 bis 1890 handelte: „Der Park in Arles" (Oktober 1888)[21], „Stamm einer alten Eibe" (Der Baumstamm) (Oktober 1888)[22], „Madame Roulin, im Profil, mit Kind" (Dezember 1889)[23], „Stillleben – Vase mit Sonnenblumen" (Januar 1888)[24], „Bäume vor dem Irrenhaus in Arles" (Oktober 1888)[25], „Junger Mann mit Kornblume" (Juni/Juli 1890)[26], „Das Rathaus von Auvers am französischen Nationalfeiertag am 14. Juli 1890"[27] und ein „Selbstbildnis" van Goghs, in der Literatur „Selbstporträt" genannt, das sich Jahre später als eine „Fälschung" herausstellen sollte.

Charlotte und PvMB sammelten neben van Goghs und Werken des Zöllners Henri Rousseau („Porträt von Pierre Loti", „La muse inspirant le poète", „Nègre attacke par un jaguar", „Heureux quator") auch Bilder von Georges Braque, Edgar Degas, Édouard Manet, Claude Monet, Pierre-Auguste Renoir, André Derain, Marie Laurencin, Maurice de Vlaminck, William Hogarth und Paul Signac. Es fällt dabei auf, dass das Ehepaar beim Aufbau und der Zusammenstellung seiner Sammlung eine besondere Vorliebe für die Stilrichtungen Fauvismus, Kubismus und Impressionismus an den Tag legte. Schon früh begannen sie sich für die Werke Pablo Picassos zu interessieren. Angeblich war es Alfred Flechtheim, der dem Ehepaar Mendelssohn-Bartholdy den Erwerb von Picasso-Bildern empfahl.

Wer Lotte und PvMB mit Alfred Flechtheim zusammenbrachte, ist nicht bekannt. Wir wissen nur, dass Flechtheim schon sehr früh in engem Kontakt mit Lotte von Mendelssohn-Bartholdy gestanden hat und dass er dem Ehepaar im Verlauf der Jahre eine Reihe von Bildern verkaufte, so u. a. das heute im New Yorker Guggenheim Museum befindliche Picasso-Bild „Le Moulin de la Galette" und ebenfalls die aus Picassos „Rosa Periode" stammenden Werke „Garçon à la pipe" (Junge mit Pfeife) und „Meneur de cheval nu" (Nackter Knabe mit Pferd), beides Bilder, die vom Ehepaar Mendelssohn-Bartholdy um 1910 erstanden wurden.

Es war auf die Empfehlung Flechtheims zurückzuführen, dass Charlotte und PvMB sich dazu entschlossen, Picassos Monumentalwerk „Nackter

---

21 Öl auf Leinwand, 72 x 93 cm, heute Privatbesitz.

22 Öl auf Leinwand, 91 x 71 cm, heute Sammlung Mr. und Mrs. Paul Mellon, Upperville, Virginia.

23 Öl auf Leinwand, 63,5 x 51 cm, heute The Metropolitan Museum of Art, New York.

24 Öl auf Leinwand, 100 x 51 cm, heute Sompo Museum of Art, Tokio.

25 Öl auf Leinwand, 90 x 73 cm, heute The Armand Hammer Museum of Art, Los Angeles.

26 Öl auf Leinwand, 39 x 30,5 cm, Verbleib unbekannt.

27 Öl auf Leinwand, 72 x 93 cm, heute Sammlung Mr. und Mrs. Leigh B. Block, Chicago.

Knabe mit Pferd" anzukaufen. Das Gemälde hat das Ehepaar später im ersten Stock der Mendelssohn-Bartholdy Residenz in der Berliner Alsenstraße plakativ an einer Wand angebracht. Besucher des Hauses erblickten das Bild, wenn sie die große Eingangstreppe hinaufstiegen. Es hing, so heißt es, rechts von einem Treppenabsatz an einem eigens dafür ausgewählten Platz, der sich für die Präsentation des Bildes besonders gut eignete.[28]

Das Palais in der Alsenstraße, in dem zahlreiche Bilder der Sammlung an den Wänden hingen, war von dem Architekten Bruno Paul, dem Lehrer Mies van der Rohes, im französischen Stil entworfen worden. Das Gebäude, das PvMB in Auftrag gegeben hatte und welches er in den Jahren zwischen 1913 und 1915 bauen ließ, zeigt, dass er und seine Ehefrau ein Gefühl für repräsentatives Wohnen in einem entsprechenden Ambiente besessen haben. Die dreiflügelig angelegte Residenz, im Spreebogen gelegen, wo sich heute der Deutsche Bundestag und das Bundeskanzleramt befinden, hob sich in seinem Bautypus von den sonst üblichen innerstädtischen Wohnhäusern in Berlin ab und war zu seiner Zeit ein viel bewundertes Bauwerk.

Die Kunsthistorikerin Verena Senti-Schmidlin machte den Verfasser darauf aufmerksam (was bisher weitgehend unbekannt war), dass der Schweizer Maler Karl Walser (1877–1943) mit Wandmalereien den Eingangsbereich des Palais in der Alsenstraße ausgeschmückt hat. Walser hat diese Arbeit als eines seiner Hauptwerke bezeichnet und sie mit dem schlichten Titel „Fresken im Palais von Mendelssohn-Bartholdy, 1914" versehen. Die Entwürfe zu dieser Arbeit befinden sich heute im Museum Neuhaus in Biel (Kanton Bern), dem Geburtsort des Malers.

Von der Fotografin Marta Huth, die in den 1920er Jahren Berliner großbürgerliche Wohnungen und Wohnhäuser in Abbildungen festhielt, sind sechs Fotografien überliefert. Eine der Aufnahmen zeigt den Festsaal, der in Pauls Plänen als Musiksaal bezeichnet wird, zwei weitere Aufnahmen zeigen noch zwei andere Räume. Bei der einen Aufnahme handelt es sich um das „Chinesische Zimmer", in dessen Vitrinen Ostasiatica zu sehen sind. Die andere Aufnahme zeigt einen Salon, an dessen Wänden einige Gemälde hängen, u.a. das Ölbild „Fernande mit einer schwarzen Mantilla" (1906) von Pablo Picasso.

Bilder aus der Sammlung PvMBs hingen auch im Hauptgebäude des Rittergutes Börnicke, das von dem Architekten Bruno Paul in den Jahren 1909 bis 1911 aufwendig umgestaltet worden war. Joseph Popp, der 1916

28 Vgl. Welsh-Ovcharov, The fifth Generation of the Mendelssohn Family as Art Collectors, S. 314.

in einem Buch Bruno Pauls Börnicke-Arbeiten würdigte, hat ausführlich die kreativen Eingriffe beschrieben, die bei den Umbaumaßnahmen am „Schloss in der Mark" vorgenommen wurden. Nicht nur das Haus und die Gartenanlage, sondern auch die Innengestaltung des Schlosses trugen die Handschrift Bruno Pauls, der einer der beliebtesten Architekten und Raumgestalter des deutschen Großbürgertums jener Jahre war.

So wie in der Alsenstraße war PvMB bemüht, auch Bilder an ausgesuchten Stellen im „Schloss in der Mark" zu platzieren. Eines der berühmten Sonnenblumenbilder van Goghs hing in der Eingangshalle. Eine Fotografie, die den repräsentativen Ort mit dem Bild zeigt, ist von Popp publiziert worden.[29] In der Bibliothek hing über einer mit Polstersesseln versehenen Sitzgruppe ein Bismarck-Porträt Franz von Lenbachs. Im „Zimmer des Herrn" waren an den Wänden einige Familienporträts angebracht, u.a. Eduard Magnus' Porträt von Albertine Mendelssohn-Bartholdy sowie ein Porträt von Felix Mendelssohn Bartholdy, von dem wir nicht wissen, von wem es stammt. Vermutlich war es ein Werk von Wilhelm Hensel, des Ehemannes von Fanny Mendelssohn Bartholdy.

5. Verschlungene Flucht- und Transportwege: Kunstsammlungen werden außer Landes gebracht

Bevor wir auf das Picasso-Bild „Madame Soler" und das Schicksal der vier weiteren Picasso-Bilder näher eingehen, sollen die Gründe aufgezeigt werden, weshalb jüdische Kunsthändler und Kunstsammler ihre Bilder und Gemälde in den Anfangsjahren des NS-Regimes ins Ausland brachten. Ausschlaggebend dürfte gewesen sein, dass nach der „Machtergreifung" das Eigentum wohlhabender Juden oder von Personen, die nach den Rassevorstellungen der Nazis als Juden angesehen wurden, in enger Zusammenarbeit zwischen der Finanzverwaltung, den Devisenstellen und der Gestapo erfasst, kontrolliert und die Verfügungsgewalt der Eigentümer darüber schrittweise eingeschränkt wurde.

Wer das Land verlassen wollte, hatte eine von den NS-Behörden verhängte „Reichsfluchtsteuer" zu entrichten, was zu dieser Zeit einer Teilenteignung gleichkam. Ab 1934 durften Flüchtlinge nur noch zehn Reichsmark bei der Ausreise mit sich führen, das entsprach der zu diesem Zeitpunkt neu festgesetzten Freigrenze für Devisen. Es war so gut wie unmöglich, irgendwelche Kunstgegenstände oder andere Wertsachen bei der Ausreise mitzunehmen. Die ausgeübte Kontrolle war mehr oder weniger lückenlos.

---

29 Josef Popp, Bruno Paul, München [1916], S. 97.

Restriktive Verordnungen schränkten zunehmend den Transfer „jüdischen“ Eigentums ein. Das betraf insbesondere die Besitzer von Kunstsammlungen, auf die die Nationalsozialisten schon sehr früh ein begehrliches Auge geworfen hatten. Die Sammler, meist Angehörige des gehobenen Bürgertums – Bankiers, Kaufleute, Mediziner und Rechtsanwälte – waren deshalb bemüht, ihre Sammlungen, die Ölgemälde, Porzellane, Terrakotten, Kleinbronzen, Ritualobjekte und andere wertvolle Kunstgegenstände umfassten, dem Zugriff der Nationalsozialisten, so gut es eben ging, zu entziehen.

Die eigenen Sammlungen mittels der Hilfe ausländischer Museen, Galerien und Kunsthändler ins Ausland zu bringen, schien eine der Möglichkeiten zu sein, um das abzusichern, was man in langen Jahren und mit viel Sachverstand und Liebe zusammengetragen hatte. Der Maler Max Liebermann etwa ließ große Teile seiner Impressionisten-Sammlung in die Schweiz überführen.[30] Er hatte vermutlich bereits in den ersten Wochen nach der „Machtergreifung“ angefangen, darüber nachzudenken, wie er die Bilder ohne großes Aufsehen ins Ausland verlagern könnte. Sprichwörtlich war seine Abscheu, die er gegenüber dem NS-Regime hegte, so kommentierte er die Ernennung Adolf Hitlers zum Reichskanzler am 30. Januar 1933 mit den berühmt gewordenen Worten: „Ick kann jar nich so ville fressen, wie ick kotzen möchte.“

Als Max Liebermann sich dazu entschloss, Teile seiner Sammlung außer Landes zu schaffen, half ihm bei der Transaktion Walter Feilchenfeldt, der nach dem Tod von Paul Cassirer dessen Kunstsalon übernommen hatte. Am 3. Mai 1933 wurden unter dem Vorwand der Leihgabe für geplante Ausstellungen in der Schweiz, Frankreich und den Niederlanden 14 Gemälde in die Schweiz gebracht. Die Bilder, sechs Manets, zwei Cézannes, drei Degas', ein Daumier, ein Renoir und ein Monet, wurden dem Züricher Kunsthaus zur Aufbewahrung übergeben.

Auch der Kunsthändler Alfred Flechtheim, neben Paul Cassirer und Herwarth Walden einer der engagiertesten Förderer avantgardistischer Kunst in der Zeit der Weimarer Republik, war bemüht, die in seinem Besitz befindlichen Gemälde und Bilder vor dem Zugriff der Behörden zu schützen. Das hatte ganz offensichtlich damit zu tun, dass Flechtheim die Beschlagnahme seiner bei den Nazis als „entartet“ und „verfemt“ geltenden Werke befürchtete.

---

30 Hierzu Annegret Janda, Max Liebermanns Kunstsammlung in seinen Briefen, in: G. Tobias Natter und Julius H. Schoeps (Hrsg.), Max Liebermann und die französischen Impressionisten, Köln 1997, S. 239.

Bereits Ende Mai 1933 flüchtete Flechtheim über die Grenze in die Schweiz, dann nach Paris, und schließlich, ein Jahr später, nach London.[31] Sein Unternehmen in Deutschland wurde bekanntlich liquidiert, der galerieeigene Bestand weit unter Wert verkauft und die in der Galerie noch befindliche Kommissionsware an Interessenten billig abgegeben. Wer nach Flechtheims Flucht in den Besitz der in der Galerie befindlichen Bilder kam, bedarf noch der weiteren Klärung durch die Provenienzforschung.

Wie sich jüdische Sammler in den Anfangsjahren des NS-Regimes verhielten, ist durch Klagen vor Gericht und durch Restitutionsverfahren mittlerweile einer größeren Öffentlichkeit bekannt geworden. Allerdings ist nicht jeder dieser Fälle, bei denen es um den Umgang mit NS-Raubkunst ging, mit anderen vergleichbar. Sammler wie Carl Sachs, Max Silberberg, Leo Lewin und Ismar Littmann, um nur einige wenige Namen zu nennen, bemühten sich schon unmittelbar nach der „Machtergreifung", ihre Sammlungen in Sicherheit zu bringen.

Einigen Juden und Jüdinnen gelang das, anderen nicht. Der Breslauer Rechtsanwalt Ismar Littmann beging nach dem Verbot der Berufsausübung 1934 Selbstmord. Seine Witwe war zur Sicherung ihres Lebensunterhaltes gezwungen, einen Teil der von ihrem Mann aufgebauten Kunstsammlung zu veräußern. Vor der Versteigerung durch das Berliner Auktionshaus Max Perl wurden 18 Bilder wegen „typisch kulturbolschewistischer Darstellung pornographischen Charakters" von der Gestapo beschlagnahmt.[32]

Um die Beschlagnahme zu vermeiden, bemühten sich zahlreiche Sammler, ihre Schätze vor dem Zugriff der Behörden zu schützen. Carl Sachs etwa, ein Kaufmann in Breslau, der auf das Sammeln von Bildern zeitgenössischer Künstler wie Max Liebermann, Max Slevogt, Lovis Corinth und Käthe Kollwitz spezialisiert war, aber auch Arbeiten von Gustave Courbet, Eugène Delacroix, Camille Pissarro und Alfred Sisley in seinem Besitz hatte, fasste 1934 den Entschluss, als Vorsichtsmaßnahme einige der Werke aus seiner Sammlung dem Kunsthaus in Zürich in Verwahrung zu geben.

Ähnlich verfuhr auch der Breslauer Unternehmer Max Silberberg, dessen Sammlung (darunter Bilder von Pierre-Auguste Renoir, Claude Monet, Camille Pissarro und Edgar Degas) in Sammlerkreisen einen exzellenten Ruf genoss. Auch er sah sich unter dem Druck, dem er seitens des

31 Vgl. Ottfried Dascher, Alfred Flechtheim. Sammler, Kunsthändler, Verleger, Wädenswill 2011, S. 332 ff.

32 Vgl. Anja Heuß, Die Sammlung Littmann und die Aktion „Entartete Kunst", in: Inka Bertz/Michael Dorrmann (Hrsg.): Raubkunst und Restitution. Kulturgut aus jüdischem Besitz von 1933 bis heute, Frankfurt am Main 2008, S. 69 ff.

Regimes ausgesetzt war, gezwungen, sich von zahlreichen Bildern seiner Sammlung zu trennen. Er tat das, obgleich es für ihn eine sehr schmerzliche Entscheidung war. Unter den gegebenen Umständen war das jedoch der einzig mögliche einzuschlagende Weg.

Carl Sachs konnte 1936, quasi im letzten Moment, zusammen mit seiner Ehefrau in die Schweiz entkommen, starb aber wenig später in Basel. Die von ihm in Breslau zurückgelassenen Werke, über 60 Gemälde, Zeichnungen und Plastiken, wurden vom NS-Regime konfisziert, versteigert und auf Museen umverteilt. Manche der Kunstwerke aus dem Besitz von Sachs gelten bis heute als verschollen. Die Provenienzforschung hat bisher nicht feststellen können, wo diese Kunstwerke abgeblieben sind. Irgendwo werden sie sich befinden. Aber wo?

Die Eheleute Silberberg, die in Breslau blieben, waren gezwungen, sich sukzessive von den ihnen verbliebenen Wertsachen und Kunstwerken zu trennen, die sie im Verlauf der Jahre über den Berliner Kunsthandel erworben hatten. Ihre imposante Sammlung (u. a. Werke von Renoir, Degas, Cézanne, van Gogh, Sisley, Courbet, Manet und Braque), die von der kunsthistorischen Forschung auf etwa 130 bis 250 Gemälde, Zeichnungen und Plastiken geschätzt wird,[33] wurde auf einigen Kunstauktionen 1935 und 1936 versteigert.

Belegt ist, dass Max Silberberg die schon erwähnte „Reichsfluchtsteuer" entrichten musste, obschon er und seine Ehefrau das Land nicht verlassen hatten. Es folgte die „Arisierung" seines Unternehmens und die Pfändung seines Restbesitzes wegen angeblicher Steuerschulden. Nach der vollständigen Ausplünderung kam es 1941 schließlich zur Deportation des Ehepaares. Stationen ihres weiteren Lebensweges waren ein Zwischenlager, dann das KZ Theresienstadt, schließlich das Vernichtungslager Auschwitz, wo Max Silberberg und seine Frau ermordet wurden.

Ein anderer Fall, der in den letzten Jahren für einige Aufregung und Irritationen sorgte, war die Sammlung des Schuhfabrikanten Alfred Hess (1879–1931). Diese Sammlung enthielt zahlreiche Gemälde, Zeichnungen und Aquarelle expressionistischer Kunst (u. a. Ernst Ludwig Kirchner, Franz Marc, Emil Nolde, Karl Schmidt-Rottluff, Max Pechstein, Otto Mueller und Lyonel Feininger) und ähnelt in ihrem Schicksal anderen Sammlungen, deren Besitzer sich bemühten, diese in Sicherheit zu bringen.

Thekla Hess, die Witwe von Alfred Hess, suchte nach Möglichkeiten, die von ihrem Mann mit viel Engagement aufgebaute Sammlung vor

---

33 Vgl. Monika Tatzkow, Max Silberberg in Breslau, in: Müller/Tatzkow, Verlorene Bilder. Verlorene Leben, S. 115 ff.

dem Zugriff der Behörden zu schützen. Sie schickte deshalb im Oktober 1933 58 Gemälde, darunter Ernst Ludwig Kirchners „Berliner Straßenszene“, in die Schweiz. Die Bilder waren als Leihgaben für die Ausstellung „Moderne deutsche Malerei aus Privatbesitz“ in der Kunsthalle Basel deklariert. Der Fall war ähnlich dem von PvMB, der Teile seiner Sammlung, wie noch zu berichten sein wird, ebenfalls in die Schweiz hatte bringen lassen, um sie so dem Zugriff der Behörden zu entziehen.

Im Fall der ins Ausland gebrachten Hess-Sammlung trat ein besonderer Umstand ein. Thekla Hess, der man auf Druck der Gestapo ein Verfahren wegen Devisenvergehens androhte, sah sich gezwungen, den größten Teil der in Zürich lagernden Bilder wieder nach Deutschland zurückzuführen. Sie gingen, wie die Akten besagen, zum größeren Teil an den Kunstverein nach Köln, wo sie teilweise verblieben, teilweise aber auch verkauft wurden. Die Umstände der Verkäufe waren dubios. Bis heute streiten sich die Fachleute, ob sie rechtmäßig waren oder nicht.

Ende 1936 wurde Kirchners „Berliner Straßenszene“ (1913), welches eine Reihe von Kokotten und Halbweltdamen mit ihren Freiern zeigt, unter ungeklärten Umständen an einen Frankfurter Kunstsammler veräußert. 1980 gelangte das Gemälde an die Stadt Berlin, wo es lange Jahre im Brücke-Museum hing. Das Bild und die Sammlung Hess entfachten einen Sturm der Entrüstung, als im Zuge von Restitutionsforderungen die Hess-Erben 2006 die Herausgabe des Kirchner-Gemäldes „Berliner Straßenszene“ erzwangen. Der Förderkreis des Berliner Brücke-Museums bezeichnet den Vorgang bis heute als Skandal und verlangt die Rückgabe des Gemäldes. Die Diskussion, ob die Rückgabe des Bildes durch den Berliner Senat an die Erben rechtmäßig war oder nicht, dauert bis heute an.[34]

6. Paul von Mendelssohn-Bartholdy gerät in finanzielle Schwierigkeiten, sein früher Tod gibt Anlass zu allerlei Spekulationen

Dass von Hitler und seiner Gefolgschaft eine existenzielle Gefahr ausging, hatte PvMB, Miteigentümer der Mendelssohn-Bank, schon frühzeitig erkannt.[35] Bezeugt werden kann das u.a. nicht nur durch einen Hetz-

34 Hierzu Gunnar Schnabel/Monika Tatzkow, Berliner Straßenszene. Raubkunst und Restitution. Der Fall Kirchner, Berlin 2008, S. 129 ff. und Michael Naumann, Zur medialen Debatte über die Rückgabe des Kirchner-Bildes, in: Schoeps/Ludewig (Hrsg.), Eine Debatte ohne Ende?, S. 223–229.

35 Hier folgen die Ausführungen wörtlich, wenn auch etwas gekürzt, der Darstellung, die der Verfasser in seinem Buch „Das Erbe der Mendelssohns. Biographie einer Familie“ (Frankfurt am Main 2009, S. 351 ff.) vorgelegt hat.

artikel im Semi-Kürschner-Lexikon „Sigilla Veri“[36], in dem der Name von PvMB bereits 1931 in einem abwertenden antisemitischen Ton genannt wird, sondern auch in Machwerken wie dem „Handbuch der Judenfrage“ von Theodor Fritsch (1933) und dem Pamphlet von Johann von Leers „Juden sehen dich an“ (1933), in denen PvMB als Jude nicht nur namentlich erwähnt wird, sondern auch sein angeblicher unheilvoller „jüdischer“ Einfluss auf das deutsche Wirtschaftsleben beschrieben und attackiert wird.

Was sich bereits am Vorabend der sogenannten Machtergreifung abspielte, hat die Nichte von PvMBs zweiter Frau beschrieben, die in den Jahren 1927 und 1935 den Mann ihrer Tante Elsa mehrfach bei Aufenthalten in Berlin und auf dessen Rittergut in Börnicke angetroffen hat. Er sei, so erinnerte sich Edelgard von Lavergne-Peguilhen, was die weitere Entwicklung in Deutschland betraf, besorgt und tief verunsichert gewesen. Er habe, so berichtete sie, in ihrer Gegenwart einmal sogar geäußert, die Juden könnten Probleme bekommen, weil viele von ihnen in wichtigen Stellen säßen.[37]

Die Befürchtungen, die PvMB hegte, waren nicht unbegründet. Schon vor der „Machtergreifung“ Ende Januar 1933 war PvMB ins Visier der Nazis geraten, und zwar nicht nur deshalb, weil man in ihm einen verhassten Unternehmer sah, sondern auch, weil man davon überzeugt war, an seiner Person das Feindbild des „jüdischen Bankiers“ und „Geschäftemachers“ festmachen zu können. Die Mendelssohns verkörperten für die Nazis all das, was sie ablehnten und glaubten, bekämpfen zu müssen.

Die zwei Jahre, die PvMB nach der „Machtergreifung“ der Nazis am 30. Januar 1933 noch zu leben hatte, waren für ihn eine schwere Zeit. Er verblieb immerhin im Vorstand der Berliner Wertpapierbörse, in der er aber nichts mehr zu sagen hatte, weil ihm ein NS-Beirat zur Seite gestellt wurde, der die Entscheidungen fällte. Aus dem Vorstand des „Centralverbandes des Deutschen Bank- und Bankiergewerbes“ sowie aus dem Direktorium der „Reichsversicherungsanstalt“ wurde PvMB dagegen hinauskomplimentiert.

Außerdem musste sich PvMB dem Umstand stellen, dass die Geschäfte von Mendelssohn & Co. zunehmend schlechter liefen. Das Bankhaus sah sich, wie viele andere Bankhäuser in jüdischem Besitz, von den Behörden

36 Sigilla Veri (Ph. Stauff's Semi-Kürschner). Lexikon der Juden, -Genossen und -Gegner aller Zeiten und Zonen, insbesondere Deutschlands, der Lehren, Gebräuche, Kunstgriffe und Statistiken der Juden sowie ihrer Gaunersprache, Trugnamen, Geheimbünde usw., Bd. 4, 1931, S. 451.

37 Affidavit of Edelgard von Lavergne-Peguilhen, März 2006, S. 5 [Kopie], Archiv, Moses Mendelssohn Stiftung.

und der Reichsbank unmittelbar nach der „Machtergreifung" zunehmend unter Druck gesetzt. Nicht nur wurde Mendelssohn & Co. aus bestimmten Geschäften herausgehalten, sondern auch gedrängt, sich von zuvor eingegangenen Beteiligungen zu trennen.

Im September 1934 wurde die „Arisierung" der „Deutschen Waren-Treuhand-Aktiengesellschaft" eingeleitet, einer gemeinsamen Tochter von Mendelssohn & Co. und M.M. Warburg & Co. In Folge dieser Transaktion mussten PvMB und Fritz Warburg aus dem Aufsichtsrat des Unternehmens ausscheiden. Rudolf Brinkmann, seinerzeit an den Verhandlungen beteiligt, erinnerte sich nach dem Krieg daran, dass dieser Verkauf allein auf die antisemitischen Pressionen zurückzuführen war.

Im selben Jahr wurde Mendelssohn & Co. auch aufgefordert, die vom Bankhaus eingegangene Beteiligung an der Akzeptbank aufzukündigen, obwohl diese bis dahin sehr erfolgreich gearbeitet und erhebliche Gewinne erzielt hatte. Mendelssohn & Co., die einzige Privatbank, die eine Beteiligung an der Akzeptbank hielt, die unter der Aufsicht der Deutschen Golddiskontbank und der Reichsbank gegründet worden war, musste ihr Aktienpaket an das Deutsche Reich abtreten. Das einst eingelegte Kapital wurde zwar zurückerstattet, nicht jedoch die aufgelaufenen Zinsen und schon gar nicht die Mendelssohn & Co. zustehende Gewinnbeteiligung.[38]

Nicht nur die Bank, sondern auch PvMB persönlich geriet in Bedrängnis. Zusammen mit seiner Frau Elsa, geb. von Lavergne-Peguilhen (1899–1986), musste er nicht nur aus seinem Palais in der Berliner Alsenstraße ausziehen, er war auch zur Einleitung gewisser Notmaßnahmen gezwungen. So beantragte er im Oktober 1934 auf seinen Namen eine Grundschuld in Höhe von 600 000 Reichsmark auf das Grundstück Alsenstraße aufzunehmen, eine andere Grundschuld in Höhe von 900 000 Reichsmark wurde auf das Grundstück Börnicke in die Grundbücher eingetragen.

Die Maßnahme, Grundschulden aufzunehmen, hat PvMB vermutlich deshalb gewählt, weil er liquide Mittel benötigte, um seinen Verpflichtungen nicht nur gegenüber den Angestellten in der Bank, sondern auch gegenüber den Bediensteten und einigen Familienmitgliedern nachzukommen, die der Unterstützung bedurften. Inwieweit die in die Grundbücher eingetragene Grundschuld auch dazu gedient haben könnte, die Immobilie in der Alsenstraße und das Grundstück in Börnicke vor dem Zugriff des NS-Regimes zu schützen, darüber kann nur spekuliert werden.

38 Hierzu Einzelheiten in: Schoeps, Das Erbe der Mendelssohns, S. 352.

Dass PvMB in erheblichen Geldschwierigkeiten steckte, wird u. a. daran deutlich, dass sein Vermögen im Februar 1935 noch mit 1,7 Millionen Reichsmark beziffert wurde, einige Monate später wurde es allerdings nur noch mit einem Wert von 847 202 Reichsmark[39] angesetzt. Geht man von diesen Zahlen aus, so hat PvMB allein in dem kurzen Zeitraum von Februar bis Mai 1935, also innerhalb von gerade einmal vier Monaten, einen Vermögensverlust von mehr als 50 Prozent erlitten.

PvMB, der Miteigentümer der Mendelssohn-Bank und einer der geschäftsführenden Direktoren, ist am 10. Mai 1935 im Alter von gerade einmal 59 Jahren gestorben. Die Umstände seines plötzlichen Todes liegen bis heute im Dunkeln. Ein sich hartnäckig in der Familie haltendes Gerücht besagt, er sei von SA-Männern zusammengeschlagen worden und wenig später den erlittenen Verletzungen erlegen. Ein beweiskräftiger Beleg für diese Annahme liegt allerdings nicht vor.

Fest steht nur, dass es seit Anfang 1933 immer wieder zu antijüdischen Krawallen und pogromartigen Ausschreitungen in Berlin kam. Der Kurfürstendamm galt allgemein als die Flaniermeile der Berliner Juden, was SA-Männer dort immer wieder zu antijüdischen Aufmärschen bewegte. Illustriert wird das durch einen Bericht in der „New York Times", in dem es heißt: „Überall entlang des Kurfürstendamms rief die Menge ‚Jude', wann immer sie glaubte, einen erspäht zu haben. Dieser Ruf setzte die Menschenmenge in Gang, sich auf das arme Opfer zu stürzen und nach seinen Papieren zu fragen."

In dem von dem US-amerikanischen Journalisten Varian Fry verfassten Augenzeugenbericht über die antijüdischen Exzesse („Kurfürstendamm-Krawalle") am 15. Juli 1935 heißt es weiter: „Wenn es [das Opfer] nicht beweisen konnte, daß es ein guter ‚Arier' war, wurde es beleidigt, bespuckt und manchmal zu Boden geworfen [...] Ich sah einen Mann, der bereits auf dem Bürgersteig liegend, brutal getreten und bespuckt wurde [...] Nirgends war festzustellen, daß die Polizei auch nur den geringsten Versuch unternahm, die Opfer vor dieser Brutalität zu schützen."[40]

Gegen die Version, dass es SA-Männer waren, die PvMB zusammenschlugen, könnte indes ein anderer Bericht sprechen, für den es allerdings ebenfalls nur Vermutungen gibt, aber keinerlei Belege. Demnach ist PvMB auf der Joachimsthaler Straße mit einer Herzattacke zusammengebrochen. Man habe ihn darauf, so heißt es, in das nahegelegene Westsanatorium gebracht, wo er kurz darauf verstarb. Der damals ausgestellte

39 LAB, A Rep 030, Tit. 94, Nr. 11792.

40 Varian Fry, Eyewitness story of Berlin horror, in: NYT, 16. Juli 1935.

Totenschein gibt jedoch keine Auskünfte über die Umstände seines Ablebens.

Was stimmt an solchen Berichten, was könnte zutreffen, was kann anders gewesen sein? Da die Joachimsthaler Straße den Kurfürstendamm kreuzt, liegt der Verdacht durchaus nahe, dass PvMB bedroht oder bedrängt wurde oder zumindest Augenzeuge einer der damals fast täglich stattfindenden antijüdischen Attacken und Exzesse war. Vielleicht war das, was er bei seinem Gang über den Kurfürstendamm bzw. über die Joachimsthaler Straße zu sehen bekam, der Auslöser für die Herzattacke, die zu seinem Tod führte? All das sind Vermutungen, die tatsächlichen Umstände seines Todes sind bis heute ungeklärt. Es ist aber nicht auszuschließen, dass dies kein natürlicher Tod war oder zumindest durch die genannten Umstände herbeigeführt wurde.

Die tatsächlichen Umstände von PvMBs Tod sind bis heute ungeklärt. Nachforschungen ergaben, dass das eine oder das andere möglich gewesen sein kann. Der Text der Traueranzeige, die Pauls Witwe am Tag nach dem Tod ihres Ehemannes verschickte, widerspricht sowohl der einen wie auch der anderen Darstellung. „Nach kurzem schweren Leiden", hieß es in der Anzeige, „entschlief in der vergangenen Nacht mein geliebter Mann, unser treuer Bruder, Schwager, Vetter und Onkel."[41]

7. Rettungs- und Sicherungsmaßnahmen für einige der Bilder aus der Sammlung von Paul von Mendelssohn-Bartholdy

Auch die Mendelssohns in Berlin waren wie Max Liebermann, Thekla Hess oder der Breslauer Carl Sachs nach der Machtübernahme durch Hitler und die Nazis im Frühjahr 1933 bemüht, ihre Sammlungen, zumindest die wertvolleren Bilder, außer Landes zu schaffen. Bei den Mendelssohns traf das neben Franz von Mendelssohn insbesondere auf PvMB zu, dessen Sammlung, wie schon beschrieben, eine Reihe exquisiter Bilder aufwies, darunter vor allem Werke von van Gogh, Braque und Picasso.

PvMB halfen bei seinen Rettungsmaßnahmen die Kunsthändler Paul Rosenberg, Justin Thannhauser, Alfred Flechtheim und der mit den Mendelssohns befreundete Christoph Bernoulli, im Frühjahr 1933 einige seiner Bilder dem Zugriff der Nazis zu entziehen und nach Frankreich und in die Schweiz zu transferieren. Die Art und Weise, wie das geschah, lässt erkennen, dass Sammler in Deutschland sich einiges einfallen lassen mussten, um ihr Eigentum vor dem Zugriff der Nationalsozialisten zu schützen.

---

41 Hans-Günther Klein, Miszellen zu Ernst und Paul von Mendelssohn-Bartholdy, in: Mendelssohn-Studien, Bd. 11/1999, S. 213.

Bei den Bemühungen, einige seiner wertvolleren Bilder in Sicherheit zu bringen und gegebenenfalls über den Kunsthandel veräußern zu lassen, spielte bei PvMB vermutlich die Überlegung eine Rolle, dass er, sollte er gezwungenermaßen Deutschland verlassen müssen, dann unter Umständen auf Mittel zurückgreifen könne, die durch den Verkauf einiger dieser Bilder in der Schweiz oder in Frankreich anfielen.

Belegt ist, dass PvMB 15 Kunstwerke ins Ausland bringen ließ, unter ihnen auch das „Madame Soler"-Porträt und vier weitere Picasso-Bilder, von denen im Zusammenhang mit den drei Braque-Gemälden „Barque de Pêche" (1909), „Le Violon" (1913) und „Stillleben mit Zitrone" (1920) aus seiner Sammlung noch die Rede sein wird. Zu den weiteren Bildern, die PvMB ins Ausland, in diesem Fall in die Schweiz und nach Frankreich, bringen ließ, gehörten neben dem Renoir-Gemälde „Les Pêcheuses de moules à Berneval" (1879) die van Gogh-Werke „Sonnenblumen" (1888/1889), „Rathaus von Auvers" (1890), „Junger Mann mit Kornblume" (1890) und „Stamm des alten Eiben-Baums" (1888).

Als der Kunstverein in Basel im Frühjahr 1933 eine Braque-Retrospektive vorbereitete, sah Paul von Mendelssohn-Bartholdy darin eine günstige Gelegenheit, einen Teil seiner Sammlung in Sicherheit zu bringen. PvMB, sonst kein großer Freund von Leihgaben (eine der wenigen Ausnahmen war die Ausleihe von zwei Rollbildern des 14. Jahrhunderts aus seiner Ostasiatica-Sammlung für eine Ausstellung Chinesischer Kunst 1929 in Berlin, von denen noch zu sprechen sein wird), ließ sich überzeugen, die zu seiner Sammlung gehörenden Braque-Bilder nach Basel auszuleihen. Waren die Bilder erst einmal jenseits der deutschen Grenze in Sicherheit gebracht, so dachte er sich wohl, könne er in Ruhe darüber nachdenken, was mit ihnen künftig geschehen solle.

Für die als Leihgabe nach Basel geschickten Braque-Bilder („Barque de Pêche", „Le Violon", „Stillleben mit Zitrone") wurden, vermutlich nach Absprache mit Thannhauser und Flechtheim, auch noch die fünf Picassos aus PvMBs Sammlung („Nackter Knabe mit Pferd", „Le Moulin de la Galette", „Porträt von Angel Fernández de Soto" [auch „Der Absinthtrinker" genannt], „Madame Soler", „Tête de femme") der Sendung beigepackt. Durch diese Maßnahme wurden die Picasso-Bilder von PvMB einem möglichen Zugriff des NS-Regimes entzogen.

Die an dieser „Schmuggelaktion" Beteiligten erhofften sich vermutlich, es würde nicht weiter auffallen, wenn neben den für die Ausstellung in Basel bestimmten Braque-Gemälden noch einige andere nicht namentlich deklarierte Bilder mit auf den Transport gingen. Die Zollbeamten an der deutschen Grenze jedenfalls, so viel scheint festzustehen, bemerkten bei den Kontrollen nicht, dass es sich bei dem Transport um die Werke von zwei unterschiedlichen Künstlern handelte. Wie auch? Für Zollbeamte, die nicht unbedingt Kunstkenner waren und nur die Aufgabe hatten, die Ausfuhrmodalitäten zu prüfen, dürfte kein großer Unterschied zwischen einem Braque und einem Picasso bestanden haben.

Justin Thannhauser, dem PvMB die fünf Picassos anvertraut beziehungsweise in Kommission („on consignment") gegeben hatte, ließ die Bilder, nachdem sie von Berlin nach Basel gebracht worden waren, von dort in seine Niederlassung nach Luzern bringen, wo in der Offerten- und Provenienzkartei Rosengart/Thannhauser bei dem Picasso-Bild „Madame Soler" am 7. Juli 1934 vermerkt wurde, „gibt er [PvMB] eventuell ab". Wenig später wurden die Bilder nach Buenos Aires geschickt, um sie dort in einer Picasso-Ausstellung in der heute nicht mehr existierenden Galleria Mueller zu präsentieren.

Bei der Ausstellung, die im Herbst 1934 in Buenos Aires stattfand, handelte es sich nicht um eine gewöhnliche „Ausstellung", sondern in Teilen ganz offensichtlich um eine Verkaufsausstellung. Bei dieser Ausstellung war für die Bilder vermerkt: „Eigentum eines großen Berliner Sammlers". Die fünf Picasso-Bilder, das dürfte der Vermerk zweifelsfrei belegen, waren zu diesem Zeitpunkt in der Verfügungsgewalt Thannhausers, aber nicht in dessen Eigentum.

Dokumentiert ist, dass einzelne Bilder in dieser „Ausstellung" mit Preisangaben versehen waren, was ein Beleg dafür sein dürfte, dass die Gemälde nicht nach Argentinien gebracht worden waren, um sie dort einem kunstsinnigen und interessierten Publikum vorzuführen, sondern dass in erster Linie daran gedacht war, in Buenos Aires Käufer für sie zu finden. Wie sich zeigen sollte, hat sich das jedoch nicht bewerkstelligen lassen.

Keines der fünf Picasso-Bilder, die in Argentinien als Bilder aus der Sammlung PvMB präsentiert und zum Kauf angeboten wurden, fand in Buenos Aires einen Käufer. Nach Ende der (Verkaufs-)Ausstellung sorgte Thannhauser dafür, dass die Bilder nicht in Argentinien verblieben und auch nicht nach Deutschland oder sonst wohin gebracht wurden, sondern dass man sie wieder in seine Luzerner Dependance zurücktransportierte, wohl in der Hoffnung, wenn schon nicht in Buenos Aires, so doch in der Schweiz interessierte Käufer zu finden.

Der Fakt, dass die fünf Picasso-Bilder von Thannhauser nach Buenos Aires gebracht worden waren, wirft im Nachhinein die Frage auf, ob die Bilder, darunter das „Madame Soler"-Porträt, zu diesem Zeitpunkt Thannhausers persönliches Eigentum waren oder nicht. Wenn ja, dann müsste

Thannhauser die Werke zuvor tatsächlich käuflich von PvMB erworben haben, was jedoch schon deshalb nicht zutreffen kann, als in der Ausstellung in Buenos Aires PvMB noch als Eigentümer ausgewiesen wurde. Im Ausstellungskatalog gibt es nur den Hinweis, dass die Bilder Thannhauser „on consignment" übergeben worden seien.

Der einstige Guggenheim-Kurator Matthew Drutt hat in seinem 2001 erschienenen Buch „Thannhauser – The Thannhauser Collection of the Guggenheim Museum"[42] einige Bemerkungen gemacht, die nachdenklich stimmen. Drutt beschreibt hier nicht nur, wie sich nach 1933 die Situation für jüdische Geschäftsleute und Kunstsammler im Hitler-Deutschland dramatisch verschlechterte, sondern auch, was sie unternahmen, um mit Hilfe einiger Kunsthändler ihre Kunstschätze außer Landes zu bringen. Einer dieser Kunsthändler, die dabei Hilfe leisteten, war Justin K. Thannhauser.

Berücksichtigt man die Einwände von Matthew Drutt, dann gab es keine klare Unterscheidung zwischen den Gemälden, die Thannhauser in seinen Galeriebeständen („inventory") hatte und den Bildern, die sich in seiner Sammlung („collection") befanden: „The distinction between inventory and collection is important as works in the inventory were for sale and not really considered part of the private collection, but it is often difficult to determine the status of particular works."[43]

Der Hinweis von Matthew Drutt ist insofern bedeutsam, als er die Annahme unterstützt, dass die fünf Picasso-Gemälde im August 1935 noch zu den Galeriebeständen gehörten und nicht Teil der privaten Sammlung Thannhausers waren. Sollten sie von den Galeriebeständen in dessen Sammlung übergegangen sein, dann fragt sich, wann und auf welche Weise das geschehen sein soll. Dokumente, die das belegen, sind bisher nicht vorgelegt worden. Wer also hat, wenn überhaupt, an wen verkauft? Darüber besteht, folgt man Matthew Drutt in seinen Überlegungen, bis heute keine Klarheit.

---

42 Matthew Drutt (Hrsg.), Thannhauser – The Thannhauser Collection of the Guggenheim Museum, New York 2001.

43 Matthew Drutt, A Showcase of Modern Art. The Thannhauser Collection, in: Ebd., S. 1–25, hier S. 24, Anm. 63.

Verfügungen und Vorsichtsmaßnahmen

8. Der „Erbvertrag“ vom 8. Februar 1935 und die handschriftliche Hinzufügung

Nach PvMBs frühem Tod und der anschließenden Bestattung auf dem Friedhof in Börnicke am 15. Mai 1935 setzten sich die Familienmitglieder, PvMBs Witwe Elsa, seine vier Schwestern (Käthe Wach [gest. 1956], Charlotte Hallin [gest. 1961], Enole von Schwerin [gest. 1947] und Marie Busch [gest. 1970]) sowie die anwesenden Ehemänner zweier der vier Schwestern zusammen, um die anstehenden Erbangelegenheiten zu regeln. Anwesend war auch der Familiennotar Ernst Wolff, der die Verhandlung leitete und protokollierte.

Bei der Verhandlung wurde nicht nur der Vorerbenstatus der Witwe bestätigt, wie er im „Erbvertrag“ vom 8. Februar 1935 als Vorsichtsmaßnahme festgehalten worden war, sondern noch einmal ausdrücklich bestätigt, dass nach dem Ableben Elsas – Paul und Elsa hatten keine Kinder – die Schwestern beziehungsweise deren Nachkommen in die Erbfolge eintreten sollten. Es war eine Regelung, die darauf abzielte, den Familienbesitz, so gut wie nur möglich, vor dem zu erwartenden Zugriff des Regimes zu schützen.

Was heute allerdings zu unterschiedlichen Deutungen führt, ist der Umstand, dass bei der durch den Rechtsanwalt und Notar Ernst Wolff protokollierten Verhandlung in Börnicke am 15. Mai 1935 Bezug auf den „Erbvertrag“ vom 8. Februar des Jahres genommen wurde. In diesem „Erbvertrag“ gibt es eine handschriftliche Hinzufügung, in der darauf hingewiesen wird, dass Elsa zur Hochzeit die Gemälde der Paul von Mendelssohn-Bartholdy'schen Sammlung zum Geschenk erhalten habe.[44]

Die Frage, die sich hierbei im Rückblick stellt, ist die, ob das „Geschenk“ sich nur auf die Bilder der Sammlung bezog, die vor dem Datum der Hochzeit 1927 von PvMB erworben worden waren? Im Fall des „Madame Soler“-Porträts, auf das noch ausführlich eingegangen wird, kann das jedenfalls nicht zutreffen, da dieses Bild – so die Auskunft der BStGS – „um 1930“ in den Besitz von PvMB gekommen ist.[45] Wenn das aber tatsächlich so gewesen sein sollte, so kann dieses Bild keinesfalls zum „Geschenk“ gehört haben, das PvMB Elsa zur Hochzeit gemacht hat.

---

44 LAB, B Rep. 048, Notariatsakten Ernst Wolff.

45 Schreiben, Archiv der Direktion der BStGS an die Rechtsanwälte Bischof & Paetow, 31.3.2010 [Kopie], Archiv, Moses Mendelssohn Stiftung.

Die Feststellung, dass PvMB die Bildersammlung seiner Ehefrau Elsa bei der Hochzeit 1927 zum Geschenk gemacht haben soll, erfolgte, wie schon erwähnt, im Nachhinein handschriftlich („Dabei wird vermerkt, dass die Gemälde Frau von Mendelsohn-Bartholdy bereits bei der Hochzeit geschenkt worden sind"). Diese Bemerkung war dem Originalentwurf der Vereinbarung vom 8. Februar 1935 hinzugefügt worden, was als deutliches Indiz dafür gewertet werden kann, dass bei der Ausfertigung des Erbvertrages bei den Beteiligten bestimmte Überlegungen eine Rolle gespielt haben dürften.

Insbesondere die Umstände und das Datum der Beurkundung am 8. Februar 1935 deuten darauf hin, dass es sich bei diesem „Erbvertrag" um ein sogenanntes Verfolgtentestament gehandelt hat.[46] Die Ausfertigung einer solchen Verfügung war eine der damals in der deutsch-jüdischen Bevölkerung durchaus üblichen Schutzmaßnahmen. PvMB wollte mit dieser Regelung, wofür noch einige andere von ihm getroffene Vorsichtsmaßnahmen sprechen, den Familienbesitz und insbesondere die noch nicht verkauften beziehungsweise ins Ausland gebrachten Bilder seiner Sammlung vor der Beschlagnahme durch das NS-Regime schützen.

Dass PvMB seine Ehefrau Elsa in der „Vereinbarung" in den Status der „befreiten Vorerbin" einsetzte, lässt auf die Überlegung schließen, dass er sich gedacht haben dürfte, sie müsse als „Arierin" im Falle seines Ablebens nicht mit Verfolgung oder Vermögensentzug durch die Nazis rechnen. Das war wohl auch seiner Ehefrau bewusst, dass sie als Trägerin des Namens Mendelssohn-Bartholdy Gefährdungen ausgesetzt sein könnte. Sie hat denn auch nach PvMBs Tod den Namen Mendelssohn-Bartholdy abgelegt und im Januar 1939 ihren ursprünglichen Mädchennamen Lavergne-Peguilhen wieder angenommen.

Testamente, die aufgesetzt wurden, um das Vermögen einer verfolgten jüdischen Person auf jemand anderen zu überschreiben, waren in der Zeit des Nationalsozialismus durchaus übliche Schutzmaßnahmen. Das belegen ähnlich gelagerte Fälle. So wissen wir etwa von der Bankierswitwe und Pianistin Fanny Steinthal (1869–1941), die einige Jahre später neben ihren beiden Kindern Erich Steinthal und Eva Vollmann den nicht-jüdischen Schwiegersohn als „Alleinerben" in das Testament miteinge-

46 Dieser Sachverhalt ist ausführlich von Lutz Krüger, Der Fall Mendelssohn-Bartholdy aus der Sicht des Juristen, in: Julius H. Schoeps (Hrsg.), Enteignet durch die Bundesrepublik Deutschland. Der Fall Mendelssohn-Bartholdy. Eine Dokumentation, Bodenheim bei Mainz 1997, S. 165 ff. beschrieben und erörtert worden.

setzt hatte. Diese Verfügung diente Fanny Steinthal dazu, die Kunstsammlung ihres verstorbenen Ehemannes Max Steinthal (1850–1940) vor der drohenden Beschlagnahme zu schützen.

Aber zurück zu den Beschlüssen, die am 15. Juli 1935 in Börnicke getroffen wurden. Die Mendelssohn-Bartholdy-Schwestern stimmten in der Sitzung, die am Tag des Begräbnisses von PvMB stattfand, der Vorerben-Konstruktion zu, in erster Linie wohl deshalb, weil ihnen das der Familienanwalt Wolff nahegelegt hatte. Letztlich sei das aus seiner Sicht, so wird er ihnen bedeutet haben, und es war der Vorschlag eines erfahrenen Juristen, die einzige Möglichkeit, den Familienbesitz zusammenzuhalten und die Kunst-Sammlung vor dem Zugriff der Nazis zu schützen.

Vermutlich ebenso bedacht wurde bei dem Treffen in Börnicke, dass bei einer eventuell notwendigen Flucht der Schwestern aus Deutschland die seit 1931 im Rahmen der Devisenbewirtschaftung bestehende „Reichsfluchtsteuer" in Höhe von 25 Prozent des Vermögens fällig werden würde.[47] Vorsichtsmaßnahmen, welcher Art auch immer, waren deshalb angebracht.

Wäre nämlich diese „Reichsfluchtsteuer", die nach dem 30. Januar 1933 durch verschiedene Zusätze eine deutliche Verschärfung erfahren hatte,[48] fällig geworden (man nannte sie auch „Abwanderungsabgabe"), hätte das vermutlich zur Folge gehabt, dass nicht nur die Immobilien der Familie, sondern auch die noch vorhandenen Bilder der Gemäldesammlung unter Wert hätten verkauft werden müssen.

Das lag durchaus im Bereich des Möglichen, und die Befürchtung dürfte mit dazu beigetragen haben, dass die PvMB-Schwestern für sich keine andere Wahl sahen, als der Vorerben-Konstruktion zuzustimmen. Allerdings dürfte man auch das Für und Wider dieser Konstruktion abgewogen haben. Die Schwestern und die zwei Ehemänner, die bei dem Treffen in Börnicke anwesend waren, werden sich gesagt haben, ihre Schwägerin sei als „Arierin" weniger gefährdet, ergo könne sie den Besitz treuhänderisch für die Familie verwalten, bis der NS-Spuk vorbei sei und in Deutschland wieder normale Verhältnisse einkehrten.

Ein weiteres Indiz dafür, dass es sich bei dem „Erbvertrag" um eine Schutzmaßnahme handelte, ist ein eher beiläufiger Sachverhalt. So wären durch diesen „Erbvertrag" Elsa unter anderem auch die von Eduard

---

47 Vgl. Dorothee Mußgnug, Die Reichsfluchtsteuer 1931–1953 (= Schriften zur Rechtsgeschichte, Bd. 60), Berlin 1993, S. 31 ff.

48 Beispielsweise Gesetz über Änderung der Vorschriften über die Reichsfluchtsteuer. Vom 18. Mai 1934, in: Reichsgesetzblatt, Jahrgang 1934, Teil 1, S. 392 ff.

Magnus stammenden Familienporträts überlassen worden. Diese heute verschollenen Bilder, bei denen es sich um mindestens fünf Porträts (Albertine Mendelssohn-Bartholdy geborene Heine, Paul Mendelssohn-Bartholdy, Pauline Mendelssohn-Bartholdy, Marie Mendelssohn-Bartholdy geborene Warschauer, Robert Warschauer)[49] gehandelt hat, sind nur für die Schwestern von Wert gewesen, nicht jedoch für die Schwägerin Elsa, die als Eingeheiratete mit diesen Porträts nur wenig anfangen konnte, vermutlich nicht einmal wusste, wer von den Mendelssohns auf welchem der Porträts abgebildet war.

Nur am Rande ist bisher die Ostasiatica-Sammlung PvMBs in den Blick der Provenienzforscher geraten. Belegt ist, dass PvMB zwischen 1907 und 1912 sich mäzenatisch betätigt hat und den Ostasiatischen Sammlungen in Berlin eine kostbare Laute aus der Quianlong-Periode und zwei Ölmalereien (Porträt des Dörbed-Fürsten Cering und Porträt Manjortu als Bogenschütze) als Schenkungen übergab.[50]

Noch im Jahre 1929 hat sich PvMB dazu bereit erklärt, aus seiner Sammlung zwei chinesische Rollbilder aus dem 14. Jahrhundert (Farben auf Seide: „Der Einsiedler Han-Shan" und „Der Einsiedler Shihte") für die legendäre „Ausstellung Chinesischer Kunst" in Berlin auszuleihen.[51] Diese Rollbilder sind seither verschollen. Es konnte bisher nicht ermittelt werden, was neben den Rollbildern noch zur Ostasiatica-Sammlung PvMBs gehörte und wo die einzelnen Stücke der Sammlung abgeblieben sind.

9. Angehörige der Mendelssohn-Bartholdy-Familie flüchten aus Nazi-Deutschland

Die meisten Mitglieder des auf Abraham Mendelssohn Bartholdy zurückgehenden Familienzweiges wussten die Zeichen der Zeit richtig zu deuten und haben Deutschland in den Jahren nach Hitlers „Machtergreifung" verlassen. Sie taten es schweren Herzens, zumeist in der bitteren Erkenntnis, dass „die Deutschen gehorsame Diener einer brutalen Diktatur"[52] und sie als Mendelssohns faktisch Aussätzige geworden waren.

---

49 Vgl. Ludwig Gläser, Eduard Magnus. Ein Beitrag zur Berliner Bildnismalerei des 19. Jahrhunderts, Berlin 1963, Nr. 132, 137, 139, 202, 203, 204.

50 Irena Strelow, Unveröffentlichte Recherchen zur Sammlung PvMB 2017, Auskunft Datenbankauszug des Ethnologischen Museums Berlin vom 23. Oktober 2017.

51 Ausstellung Chinesische Kunst. Veranstaltet von der Gesellschaft für Ostasiatische Kunst und der Preußischen Akademie der Künste Berlin 12. Januar bis 2. April 1929, Berlin 1929, S. 193.

52 Felix Gilbert, Lehrjahre im alten Europa. Erinnerungen 1905–1945, Berlin 1989, S. 130.

Der Religionswissenschaftler Joachim Wach (1898–1955), Sohn von Felix Wach und seiner Ehefrau Käthe, der ältesten Tochter Ernst (von) Mendelssohn-Bartholdys, war derart angewidert vom Verhalten der Deutschen, dass er sich, als er am 10. April 1935 von der sächsischen Landesregierung als „Nichtarier“ seines Amtes an der Leipziger Universität enthoben wurde, entschloss, in den Vereinigten Staaten zu bleiben, wo er sich zu dieser Zeit zu Gastvorlesungen aufhielt.

Nach dem Ende der Hitler-Diktatur und nach einer gewissen Normalisierung der Verhältnisse war Joachim Wach nicht mehr bereit, aus den Vereinigten Staaten nach Deutschland zurückzukehren. Als man ihm 1955 einen Lehrstuhl an der Marburger Universität anbot, lehnte er dankend ab. Die Erinnerungen an das ihm und seiner Familie Widerfahrene waren noch zu frisch. Er konnte sich wohl nicht mehr vorstellen, in Deutschland zu leben.

Diejenigen Familienmitglieder, die weiter in Deutschland ausharrten, mussten damit rechnen, dass sie über kurz oder lang unter Ausnahmerecht gestellt würden. Die Hinweise, dass das geschehen könnte, mehrten sich und verstärkten bei dem einen oder anderen Familienmitglied die vorhandenen Befürchtungen und Ängste. Die Auswanderung schien der einzige noch mögliche Ausweg zu sein. Wer es sich irgendwie leisten konnte, verließ das Land. Manche gingen, einige blieben.

Im bitteren Gefühl, in ihrem Heimatland Deutschland nicht mehr geduldet zu sein, fanden sich nicht nur zahlreiche Mendelssohns, sondern auch die Mitglieder des Familienzweiges Mendelssohn-Bartholdy als Flüchtlinge an verschiedensten Orten in den unterschiedlichsten Ländern wieder. Die Fluchtrouten führten nach England, nach Schweden, in die Schweiz und nach Italien. Nur wenige entschlossen sich, nach Ende der Hitler-Diktatur in ihre einstige Heimat zurückzukehren.

Dass ein weiterer Verbleib in Deutschland mit Gefahren für Leib und Leben verbunden sein könnte, betraf insbesondere zwei der vier Schwestern PvMBs, da sie die bei den Mendelssohns üblichen Verwandten-Ehen eingegangen waren oder einen Mann geehelicht hatten, der durch seine „nichtarische“ Herkunft unter die Bestimmungen der NS-Rassegesetzgebung fiel. Die beiden Schwestern Käthe und Marie standen deshalb unter erheblichem Druck und sahen sich offenen Verfolgungsmaßnahmen ausgesetzt.

Käthe, die älteste der vier Schwestern, die den mit ihr verwandten Juristen Felix Wach geheiratet hatte, wurde mit ihrer Tochter Susanne (1902–1998) Anfang 1944 nach Theresienstadt deportiert, ein Vorgang, der im NS-Jargon bekanntlich euphemistisch „Evakuierung“ genannt wurde.

Sie waren, soweit bisher bekannt, die einzigen Mitglieder der Familie, die von den Nationalsozialisten in ein Lager verschleppt wurden. Glückliche Umstände führten allerdings dazu, dass beide wieder freigelassen wurden und mit kubanischen Pässen Deutschland verlassen konnten.

Dass Marie Busch, die Großmutter des Verfassers und jüngste der PvMB-Schwestern, Deutschland verließ, hing zweifellos mit dem Tod ihres Ehemanns zusammen. Felix Busch, ein Nachkomme des Moses Mendelssohn-Schülers David Friedländer, einst Landrat des Bezirkes Niederbarnim und später Staatssekretär im preußischen Finanzministerium, hatte sich Mitte August 1938 nach einem Besuch bei Johannes Popitz, seinem Nachfolger im Amt, das Leben genommen.

Auf dem Nachhauseweg nach Tutzing, wo Felix Busch mit seiner Ehefrau Marie nach dem Zwangsverkauf seines Gutes Büssow (Neumark) in einem Hotel lebte, stürzte er sich, wie es heißt, aus dem fahrenden Zug.[53] Das tat er nicht aus einer plötzlichen Eingebung heraus, sondern weil er vermutlich ahnte, dass Schreckliches auf ihn und die Familie zukommen würde. Angeblich hatte der mit ihm befreundete Johannes Popitz, der später als Angehöriger des konservativen Widerstandes am 3. Oktober 1944 in Plötzensee gehenkt wurde, ihn über die Pläne der NS-Regierung informiert.

Nach ihrer Flucht nach England, wo Marie Busch sich in äußerst bescheidenen Verhältnissen im Londoner Westend am Holland Park wiederfand, machte sie die schmerzliche Erfahrung, dass sie von den NS-Behörden nicht nur ausgebürgert, sondern auch, ohne dass sie etwas dagegen tun konnte, enteignet wurde. In ohnmächtiger Wut musste sie zur Kenntnis nehmen, dass der größte Teil ihres Schmuckes konfisziert wurde, eine Reihe von Kunstobjekten und Gemälden an Berliner Museen ging und der bei einer Spedition eingelagerte Hausrat unter dubiosen Umständen auf einer Zwangsversteigerung verhökert wurde.[54]

Auch die Ostasiatica-Sammlung von Felix und Marie Busch kam, wie die Provenienzforscherin Irena Strelow ermittelt hat, am 12. November 1940 bei dem Auktionator Gerhard Harms unter den Hammer. Erwerber waren durchweg bei der Reichskammer der bildenden Künste registrierte Händler, Mitarbeiter des Finanzamtes und Sachverständigenbeiräte der Staatlichen Sammlungen, darunter u.a. ein gewisser „Franke", vermut-

---

53 Vgl. Julius H. Schoeps (Hrsg.), Felix Busch. Aus dem Leben eines königlich-preußischen Landrats, Berlin 1991, S. 281 ff. und Julius H. Schoeps, David Friedländer. Freund und Schüler Moses Mendelssohns, Hildesheim u.a. 2012, S. 407 ff.

54 Hierzu vgl. Irena Strelow, Die Sammlung Marie Busch, geb. Mendelssohn-Bartholdy, in: Dies., System und Methode. NS-Raubkunst in deutschen Museen, Berlin 2018, S. 20–97.

lich Otto Franke, ein Mitglied des Sachverständigenbeirates der Ostasiatischen Sammlungen in Berlin.

Unter den Objekten, die bei Harms zur Versteigerung gelangten, befanden sich nicht nur Alt-China Deckelvasen, Famille-Rose Teller und Blumenvasen, sondern auch eine große Alt-China Wandschüssel, ein chinesischer Elefant mit Vase und Deckelgefäß sowie eine Anzahl weiterer wertvoller Objekte. Bis heute konnte nicht geklärt werden, wo diese Kunstobjekte abgeblieben sind. Es ist davon auszugehen, dass einige dieser Objekte sich heute in Museen wie dem Berliner „Museum für Asiatische Kunst" befinden. Um das zu belegen, sind allerdings noch intensive Nachforschungen in den dortigen Beständen notwendig.

Haus Paul von Mendelssohn-Bartholdy, ca. 1935,
Straßenansicht Alsenstraße 3/3a, Berlin

Haus Paul von Mendelssohn-Bartholdy, Salon, ca. 1930, linke Wand: Pablo Picassos „Fernande Olivier", 1906. Foto: Marta Huth, ca. 1930

Haus Paul von Mendelssohn-Bartholdy, Chinesisches Zimmer.
Foto: Marta Huth, ca. 1930

Gutsschloss Rittergut Börnicke. Foto: Joseph Popp, ca. 1916

Gutsschloss Rittergut Börnicke, Bibliothek, an der Wand: Franz von Lenbachs Bismarck-Porträt. Foto: Joseph Popp, ca. 1916

Gutsschloss Rittergut Börnicke, Sitzplatz in der Halle, an der Wand: Vincent van Goghs „Sonnenblumen", 1889. Foto: Joseph Popp, ca. 1916

Wohnhaus mit Dienstwohnung von Felix und Marie Busch, Museumstr. 5, dahinter Neues Museum Berlin. Foto: Hermann Rückwardt, 1916

Dienstwohnung Museumstr. 5, an der rechten Wand: chinesische Deckelvasen auf den Kommoden. Foto: Familienbesitz

Marie von Mendelssohn-Bartholdy. Foto: Erich Sellin, 1905

10. War Justin K. Thannhauser nur ein Vermittler und Kommissionär oder war er Eigentümer der fünf ihm übergebenen Picasso-Bilder?

Rückblickend stellt sich die Frage, ob der Kunsthändler Justin K. Thannhauser, den eine langjährige Händler-Sammler-Beziehung mit PvMB verband, Eigentümer oder nur Vermittler und Kommissionär war, der sich in Absprache mit PvMB um Käufer für dessen Picasso-Bilder bemühte. Eintragungen im erhaltenen Geschäfts- und Inventarbuch Thannhausers unter dem Datum 31. August 1935 geben in verschiedenerlei Hinsicht Anlass zum Nachdenken.

Die einen behaupten, der dort verzeichnete „Ankauf" der fünf Picasso-Bilder sei ein Beweis dafür, dass mit und zu diesem Datum ein solcher stattgefunden habe. Als Beleg für diese Behauptung wird u. a. auf den im Geschäfts- und Inventarbuch verzeichneten Eintrag verwiesen. Dort, so könne man nachlesen, stehe es schließlich schwarz auf weiß, dass das Ankaufsdatum der 31. August 1935 gewesen sei. Auf den Einwand, dass PvMB zu diesem Zeitpunkt bereits nicht mehr lebte und er deshalb nicht der Verkäufer gewesen sein konnte, gibt es seitens der BStGS keine plausible Erwiderung.

Gegen die Ankaufsthese spricht die gänzlich andere Version der PvMB-Erben, nach der ein Eigentumsübergang, falls es überhaupt einen solchen jemals gegeben hat, so nicht stattgefunden haben kann. Der Eintrag im Geschäfts- und Inventarbuch weise nach ihrer Ansicht nicht auf einen „Ankauf" hin, sondern müsse anders gedeutet werden. Es handele sich um einen nachträglich erfolgten Eintrag, der nicht als Ankaufsbestätigung, sondern als eine Inventarisierungsmaßnahme von Thannhausers Galeriebeständen gelesen werden sollte.

Sieht man sich diesen Eintrag etwas genauer an, dann kommt man nicht umhin festzustellen, dass dort im Unterschied zu anderen Bildern die fünf Picasso-Bilder nicht einzeln, sondern als Konvolut gesondert aufgeführt werden, was daraus zu ersehen ist, dass die fünf Bilder mit einer zusammenfassenden Klammer versehen sind. Vermerkt wird im Eintrag zudem: „Aus Sammlung Paul v. Mendelssohn-Bartholdy, Berlin", was ein Hinweis mehr darauf sein dürfte, dass es sich nicht um einen Ankauf, sondern um Kommissionsware in den Galeriebeständen gehandelt hat.

Dass etwas mit dem Eintrag im Geschäfts- und Lagerbuch[55] im Übrigen nicht stimmen kann, bzw. einer anderen Deutung bedarf, lässt sich auch

55 Das Geschäfts- und Lagerbuch (Stock Book), im Zentralarchiv für deutsche und internationale Kunstmarktforschung (ZADIK) aufbewahrt, wird als „Lagerbuch II, München (ab 1924) und Berlin (ab 1928) an Luzern" geführt.

aus dem Umstand ableiten, dass an diesem einen Tag, dem 31. August 1935 also, der Ankauf von mehreren hundert Bildern erfolgt sein soll – ein Vorgang, der bei entsprechender Überprüfung des Sachverhaltes nicht zutreffen kann. Es verwundert nur, dass das den Provenienzforschern/-forscherinnen der BStGS nicht aufgefallen ist.

In den erhaltenen Geschäfts- und Inventarbüchern Justin Thannhausers finden sich zwar einige versteckte, teilweise auch verklausulierte Hinweise, aus denen man schließen kann, welche Preisvorstellungen Thannhauser im Falle eines Verkaufs der Bilder vorschwebten. Aber an keiner Stelle der Lagerbücher findet sich ein eindeutiger Beleg dafür, welche Preise bei den späteren Verkäufen der Picasso-Bilder erzielt werden konnten. Verzeichnet ist in den Geschäfts- und Lagerbüchern nur, dass zwei Picasso-Bilder, „Nackter Knabe mit Pferd“ und „Porträt von Angel Fernández de Soto“, wie noch zu berichten sein wird, verkauft wurden.

Aus den vorhandenen Unterlagen geht nicht hervor – was für den „Madame Soler“-Fall von relevanter Bedeutung ist –, ob nach dem angeblichen Ankauf der Bilder durch Thannhauser überhaupt Gelder an PvMB beziehungsweise an seine Witwe geflossen sind. Dagegen spricht, dass Thannhauser nach eigenen Angaben zu jener Zeit in einer finanziellen Klemme steckte und schon aus diesem Grund die Bilder nicht ankaufen, sondern nur in Kommission übernehmen konnte. Ob er hier korrekt gehandelt hat, was die Übernahme und die weitere Verwertung der Picasso-Bilder betraf, ist unter den Fachleuten, die sich mit dem Fall beschäftigen, nach wie vor strittig.

Belegt ist, dass Thannhauser im Oktober 1935 die fünf Picasso-Bilder der Galerie Wildenstein in Paris zum Verkauf angeboten hat. Ein Klient der Galerie, Victor de Rothschild, scheint damals am Erwerb der Bilder interessiert gewesen zu sein. Die Preise, die Thannhauser glaubte, für die Bilder verlangen zu können, beliefen sich für das Bild „Nackter Knabe mit Pferd“ auf 200 000 französische Franc (damals etwa 13 200 bis 13 800 US-amerikanische Dollar), für „Le Moulin de la Galette“ auf 75 000 französische Francs (damals etwa 5 000 US-amerikanische Dollar).

Fasst man die verschiedenen spärlichen Hinweise und Informationen zusammen, so zeigt sich, und das dürfte unbestritten sein, dass Thannhauser bereits vor PvMBs Tod im Mai 1935 die Verfügungsgewalt über die fünf Picasso-Bilder übertragen bekommen hatte. Nach PvMBs Tod sah Thannhauser dann jedoch offensichtlich keinen Anlass mehr, mit dessen Witwe in Kontakt zu treten. Ob er sie überhaupt jemals getroffen hat, ist unklar. Folgt man der beeidigten Aussage von Edelgard von Lavergne-Peguilhen, der Nichte von Elsa, hat es einen solchen Kontakt zu keinem Zeitpunkt gegeben.

Jedenfalls dürfte Thannhauser den Umstand genutzt haben, dass Elsa, die Ehefrau PvMBs, über die Geschäfte ihres Mannes, wenn überhaupt, nur unzureichend informiert war. Elsas Unkenntnis über die Sammlungstätigkeiten ihres Mannes lässt sich denn auch durch eine erhaltene Bestandsliste erkennen, die PvMB vermutlich noch kurz vor seinem Tod angefertigt hatte. Diese zweiseitige Liste, verfasst mit einer Schreibmaschine, ist versehen mit ungelenk verfassten Kommentaren Elsas, die sie nach PvMBs Tod bzw. in den späten 1940er Jahren der Liste hinzugefügt hatte, als sie daranging, einige der Bilder, die sich noch in ihrem Besitz befanden, in den Kunsthandel zu geben.

Einige Indizien sprechen dafür, dass die Liste, in der rund 40 Bilder aufgeführt sind, wohlgemerkt versehen mit Preisen in Reichsmark, noch von PvMB erstellt wurde. Die notierten Preise weisen darauf hin, welchen Erlös sich PvMB von einem möglichen Verkauf der Bilder versprach. Unter den Bildern auf der Liste befand sich u. a. das schon erwähnte Bismarck-Porträt Franz von Lenbachs, aber auch ein Degas („Frau neben Badewanne") sowie Bilder von Derain und Laurencin, von denen wir bis heute nicht wissen, wo sie abgeblieben sind.

Im Fall des Degas-Bildes, das in Börnicke hing, besteht heute der bisher nicht ausgeräumte Verdacht, dass es ein Gemälde sein könnte, das zum Gurlitt-Konvolut gehört, das vor nicht allzu langer Zeit an das Kunstmuseum in Bern gegangen ist. Eine genauere Überprüfung der Provenienz müsste in diesem Fall noch vorgenommen werden.

Einige Bilder aus der Sammlung ihres verstorbenen ersten Ehemannes hat Elsa nach 1945 verkauft, bei anderen ist der Verbleib unbekannt. Von den fraglichen Picasso-Bildern, um die es hier geht, wird in der Liste nur das Pastell „Tête de femme" (Kopf einer Frau) aufgeführt, allerdings versehen mit dem handschriftlichen Vermerk „verloren". Auch der Verbleib des Lenbach'schen Bismarck-Porträts war Elsa nicht bekannt. Es findet sich nur ihre handschriftliche Randbemerkung „Kloster Rohr". Das gilt auch für fünf Skizzenblätter von Tiepolo und verschiedene Stiche, bei denen ebenfalls besagtes „Kloster Rohr" genannt wird, allerdings mit einem Fragezeichen versehen.

Auffällig ist denn auch, dass auf besagter Liste mit den handschriftlichen Eintragungen Elsas keines der fünf Picasso-Gemälde aufgeführt wird, die noch zu Lebzeiten PvMBs außer Landes gebracht wurden. Auf dieser Liste fehlen darüber hinaus nicht nur die drei im Frühjahr 1933 in die Schweiz gesandten Braque-Bilder, die Flechtheim in Kommission nahm, sondern auch die sechs van Goghs, die PvMB 1933 oder 1934 über die Galerie von Paul Rosenberg zum eventuellen Verkauf gegeben hatte. Diese Umstände sprechen dafür, dass nicht Elsa, sondern PvMB der Verfasser dieser Liste war und sie noch in den Monaten und Wochen vor seinem Tod angefertigt hat.

Auf der Liste sind all diejenigen Bilder verzeichnet, die Elsa nachgewiesenermaßen nach dem Tod ihres Ehemannes in ihrem Besitz hatte. So u.a. das Picasso-Bild „Garçon à la pipe", welches auf der Liste als „Blauer Junge mit Kranz" geführt wurde. Das Bild hatte Elsa nach 1945 an den Schweizer Kunsthändler Walter Feilchenfeldt sen. verkauft, der es dann für 30 000 US-Dollar an John Hay Whitney weiterreichte. Das Bild, das als „Jahrhundertbild" bezeichnet worden ist, wurde 2004 bei Sotheby's für die Rekordsumme von 104,2 Millionen US-Dollar versteigert.[56] Der Erwerber war ein namentlich nicht genannter Bieter.

Das Selbstporträt van Goghs, das auf der „Liste" mit 60 000 RM bewertet ist, wurde von Elsa nach 1945 über Walter Feilchenfeldt sen. in Zürich an den Schweizer Waffenfabrikanten Emil G. Bührle verkauft. Ironischerweise wurde das Porträt, das Elsa Feilchenfeldt zum Verkauf übergeben hatte, wenig später als eine Fälschung entlarvt. Das Bild war nicht untergeschoben worden, aber es besteht kein Zweifel, dass es von PvMB einst im guten Glauben gekauft worden ist. Wie sich herausstellte, handelt es sich bei dem Porträt um eine Kopie, angefertigt von der Pariser Malerin Judith Gérard.

Emil G. Bührle, der nicht nur dieses Bild, sondern auch einige andere Bilder aus der Sammlung PvMB erworben hatte, klagte 1954 auf Zurücknahme der Kopie und auf Rückzahlung des Kaufpreises in Höhe von rund 200 000 Franken. Die Angelegenheit war für alle Beteiligten äußerst unangenehm. Der Konflikt, der hohe Wellen schlug, wurde über Rechtsanwälte ausgetragen. Man einigte sich und bewahrte Stillschweigen, was diese peinliche Angelegenheit betraf.

Aber zurück zu den fünf Picasso-Bildern, die an Justin Thannhauser gegeben worden waren, um Käufer für sie zu finden. Belegt werden kann, dass Thannhauser wiederholt angegeben hat, die Bilder persönlich von PvMB erhalten zu haben, nicht jedoch von dessen Witwe, wie immer wieder bis in die jüngste Vergangenheit fälschlicherweise behauptet wird.

Die von Justin Thannhauser gebrauchte Formel „erhalten" ist indes vieldeutig und kann im Rückblick Verschiedenes besagen. Einmal kann

56 Vgl. Fiona Ehlers, Das Jahrhundertbild, in: Der Spiegel, 5/2005.

„erhalten“ heißen, Thannhauser habe die Bilder „angekauft“, es kann aber auch bedeuten, dass er die Bilder „treuhänderisch“ entgegengenommen hat, um für sie bei sich bietender Gelegenheit solvente Käufer zu finden. Die letztere Deutung, die von einer Treuhänderschaft ausgeht, dürfte, wie noch zu zeigen sein wird, die zutreffende sein.

NS-Raubkunst und „Fluchtgut“ in der Schweiz

11. Die Schweiz als Umschlagplatz für NS-Raubkunst und sogenanntes Fluchtgut

Die Debatte um die Kunstsammlungen und Bilder, die in den Anfangsjahren des NS-Regimes von ihren Besitzern in die Schweiz gebracht wurden, erregt seit längerem die Gemüter. Das hängt in erster Linie damit zusammen, dass diese Sammlungen und Bilder in der Schweiz als „Fluchtgut“ klassifiziert werden. Die vom Parlament und der Regierung der Schweizerischen Eidgenossenschaft im Dezember 1996 eingesetzte Unabhängige Expertenkommission Schweiz-Zweiter Weltkrieg (UEK) definierte „Fluchtgut“ als Kulturgüter, die von ihren rechtmäßigen Eigentümern in die Schweiz transferiert wurden, um sie vor dem Zugriff der deutschen Behörden in Sicherheit zu bringen.

Bei dieser Regelung ist es häufig schwierig, per definitionem zwischen „Fluchtgut“ und „Raubgut“ zu unterscheiden. Manchmal konnte „Fluchtgut“ auch „Raubkunst“ sein oder umgekehrt. Was in die Schweiz gelangte, ist auf unterschiedlichsten Wegen dorthin gelangt, etwa über Zollfreilager, Diplomatengepäck, Umzugsgut, aber auch durch Schmuggel oder Beschickung einer Ausstellung mit Bildern, wie es im Fall der Braque-Gemälde aus der Sammlung PvMBs geschah. Das alles ist unbestritten.

Wie aber kann man überhaupt unterscheiden, was bei diesen Transaktionen „Fluchtgut“ und was „Raubgut“ war? Wir werden versuchen, das am Fall von Charlotte von Mendelssohn-Bartholdy geb. Reichenheim zu verdeutlichen. Mit ihrem ersten Ehemann PvMB hatte sie seit etwa 1910 eine Kunstsammlung aufgebaut, die an anderer Stelle schon erwähnt wurde. Nach ihrer Scheidung von PvMB 1927, bei der sie einen Teil der Sammlung erhielt, ging Lotte, wie sie allgemein genannt wurde, die Ehe mit einem Grafen Wesdehlen ein, der allerdings wenig später starb. Ab Ende 1938, wie belegt ist, lebte Lotte, die durch die Ehe mit dem Grafen Wesdehlen die deutsche und die Schweizer Staatsangehörigkeit besaß, in der Schweiz.

Auf verschlungenen Wegen gelang es Lotte, ihr gehörende Kunstwerke aus NS-Deutschland herauszubringen. Wie das im Einzelnen geschah, wissen wir nicht ganz genau. Es können nur Vermutungen angestellt werden. Nach einer von ihr im Juni 1940 erstellten Liste, die sie dem Baseler Kunsthändler Christoph Bernoulli hatte zukommen lassen, befanden sich in ihrem Besitz eine Reihe wertvoller Gemälde, darunter neben einigen Rousseaus ein Picasso, ein Gris, ein Pissarro, ein Renoir und ein Gauguin.

Aufschlussreich ist, dass der Waffenfabrikant Emil G. Bührle (1890–1956), der in jenen Jahren begann, eine Bildersammlung aufzubauen, zahlreiche Bilder „erwarb", die einst im Besitz der weitverzweigten Mendelssohn-Familie waren. Bührle kaufte nicht nur Bilder aus dem Besitz Charlottes (so etwa Renoirs „Stillleben mit Melonen, Pfirsichen und Pflaumen"), sondern auch Werke aus dem Besitz von Robert und Franz von Mendelssohn (so die van Gogh-Bilder „Der Sämann", „Weizenfeld mit Zypressen" und „Blühender Kastanienzweig"). Wer die Bilder der beiden Letzteren in die Schweiz brachte und dem dortigen Kunsthandel zum Verkauf übergab, ist bisher nur zum Teil geklärt und bedarf noch weiterer Nachforschungen.

Bührle zeigte zu Lebzeiten kein sonderliches Interesse an einer Aufklärung der fragwürdigen Provenienzen mancher Bilder in seiner Sammlung. Der Kunsthändler und Autor Hugo Perls (1886–1977), der als Chronist die „Erwerbungen" Bührles durch die Jahre kritisch begleitet hat, merkte zu dessen Ankäufen spitz an: „Ein Teil ihrer [gemeint ist Charlotte Wesdehlen, die erste Frau PvMBs] Bilder von van Gogh wurde der Grundstock der Abteilung van Gogh in der mirakulösen Sammlung des Herrn Emil Bührle in Zürich."[57] Der Kommentar Hugo Perls' wäre vielleicht noch etwas süffisanter ausgefallen, wenn er Genaueres über die einstigen Besitzverhältnisse gewusst hätte und die Umstände, unter denen die Bilder in die Schweiz und in den Besitz Bührles gelangten.

Fest steht nur, dass die in der Nazizeit aus Deutschland geflüchteten Mendelssohns ihre Besitztümer zum größten Teil verloren haben. Die Häuser, Bankkonten und Kunstsammlungen waren in der Regel beschlagnahmt oder unter Druck verkauft worden. Charlotte Gräfin Wesdehlen, die geschiedene Ehefrau PvMBs, „Hundelotte" wie sie von einigen Schweizer Kunsthändlern liebevoll-abfällig genannt wurde, sah sich, ähnlich wie die Geschwister Eleonora und Francesco, die Kinder von Robert und Giulietta von Mendelssohn, gezwungen, die noch in ihrem Besitz befindlichen Bilder in den Kunsthandel zu geben. Geldnöte waren das ausschlaggebende Motiv.

Die Bilder, die Lotte gezwungenermaßen verkaufen musste, hatten, wie es so schön heißt, zu sehr „vorteilhaften Preisen" den Besitzer gewechselt. Dazu gehörten die Gemälde „La femme à la corbeille" von Juan Gris und das Bild „Rosenstillleben" von Pierre-Auguste Renoir sowie Werke von Camille Pissarro und Alfred Sisley. Es waren private Käufer wie Bührle,

57 Hugo Perls, Warum ist Kamilla schön? Von Kunst, Künstlern und Kunsthandel, München 1962, S. 55.

aber auch Museen, die von der finanziellen Notlage der in der Schweiz lebenden Sammlerin profitierten.

Im Fall von Charlotte Wesdehlen, der früheren Ehefrau PvMBs, die bereits 1946 in Genf verstarb, handelt es sich nach der geltenden Schweizer Definition nicht um „Raubgut“, sondern um „Fluchtgut“.[58] Das ändert aber nichts daran, dass bei den Verkäufen der Bilder keine angemessenen Preise gezahlt und die Bilder von Charlotte unter Druck abgegeben wurden. Nach geltender Schweizer Rechtsauffassung und nach Auffassung der Museen besteht deshalb kein Grund, die in ihrem Besitz befindlichen Bilder herauszugeben, auch wenn sie in dem einen oder anderen Fall nachgewiesenermaßen als kontaminiert und als NS-raubkunstverdächtig gelten.

Insbesondere Giulietta, die Witwe von Robert von Mendelssohn, und deren gemeinsame Tochter Eleonora bemühten sich, nach 1945 wieder in den Besitz einiger dieser Bilder zu gelangen.[59] Die Bemühungen scheiterten. In der Regel bekamen sie zu hören, dass die Bilder seinerzeit ordnungsgemäß von den Kunsthändlern angekauft und an die Museen weitergegeben worden seien. Es bestünde also kein Grund, so wurde argumentiert, sie den vormaligen Besitzern wieder auszuhändigen.

Zu einem manifesten Problem hat sich das Verhalten und die Einstellung einiger Schweizer Kunsthändler und Museen entwickelt, die nur als Raubkunst anerkennen wollen, was seinem früheren Besitzer vom deutschen Staat geraubt und enteignet wurde. „Fluchtgut“ gehört ihrer Ansicht nach nicht dazu. Entsprechend abweisend und zurückhaltend verhalten sich denn auch gegenwärtig noch einige Kunsthändler wie etwa Walter Feilchenfeldt jun. und einige Schweizer Museen, wenn es zu Restitutionsanfragen kommt.

Wo liegen nun in der Schweiz die besonderen juristischen Probleme? Wer heute als Erbe dort ein Werk von einem Museum oder einer Stiftung zurückfordert, muss den Nachweis führen, dass es sich seinerzeit um einen Zwangsverkauf gehandelt hat. Das ist nicht immer ohne weiteres möglich. Die Erben des jüdischen Sammlers Curt Glaser etwa, der sich von einigen Papierarbeiten aus seiner Sammlung getrennt hatte, um in die sichere Schweiz flüchten zu können, machten die für sie bittere Erfahrung, dass sie

58 Vgl. Esther Tisa Francini / Anja Heuss / Georg Kreis, Fluchtgut-Raubgut. Der Transfer von Kulturgütern in und über die Schweiz 1933–1945 und die Frage der Restitution (= Veröffentlichungen der Unabhängigen Expertenkommission, Schweiz, Bd. 1), Zürich 2001, S. 218 ff. und 504 f.; hierzu auch Matthias Weller/Anne Dewey, Warum ein „Restatement of Restitution Rules for Nazi-Confiscated Art“? Das Beispiel Fluchtgut, in: KUR 2019/2020, S. 46–60.

59 Hierzu vgl. Thomas Blubacher, Eleonora und Francesco von Mendelssohn, in: Müller/Tatzkow, Verlorene Bilder, S. 73–86, insbesondere S. 81 ff.

mit fadenscheinigen und vorgeschobenen Begründungen abgespeist wurden, als sie diese Werke vom Kunstmuseum Basel zurückforderten.

Ähnlich wie das Kunstmuseum Basel verhielt sich auch das Kunsthaus Zürich im Hinblick auf das van Gogh-Gemälde „Vase mit Rosenmalven", welches der Schauspielerin Tilla Durieux einst gehört hatte. Mit ihrem zweiten Mann, dem Unternehmer Ludwig Katzenellenbogen, war sie aus Hitler-Deutschland in die Schweiz geflüchtet und hatte das van Gogh-Gemälde 1937 an den Zürcher Kunsthändler Walter Feilchenfeldt sen. verkauft, um ihre Flucht und den Lebensunterhalt zu finanzieren.

Das van Gogh-Bild hat Feilchenfeldt sen. an das Kunsthaus in Zürich weiterveräußert. Den Tilla Durieux-Erben, die das Bild zurückforderten, erklärte man zu deren Erstaunen, das Bild sei seinerzeit auf dem internationalen Kunstmarkt zu allgemein handelsüblichen Bedingungen und Preisen verkauft worden, es gäbe deshalb also keinen Grund, das Bild an die Erben herauszugeben. Auch hier wurde erklärt, einen „NS-verfolgungsbedingten" Entzug könne man nicht feststellen.

Die grundsätzliche Verweigerung der Schweiz, sogenanntes Fluchtgut als „Raubgut", sprich als „NS-verfolgungsbedingt entzogenes" Kulturgut anzuerkennen, entspricht weder der „Washingtoner Erklärung" noch anderer Verlautbarungen wie etwa der „Terezin Declaration". Sie widerspricht auch den Einschätzungen der von der Schweizer Regierung eingesetzten UEK (auch Bergier-Kommission genannt), deren 2001 vorgelegter Bericht ausdrücklich den Titel „Fluchtgut-Raubkunst" trägt und feststellt: „Keinesfalls kann ein Ankauf durch Schweizer Bürgerinnen und Bürger oder Institutionen allein deshalb als ‚einwandfrei' bezeichnet werden, weil ein marktüblicher Preis für das jeweilige Kunstwerk gezahlt wurde."[60]

Der Schweizer Historiker und Publizist Thomas Buomberger, der bereits 1998 ein Buch zur Rolle seines Landes beim Handel mit gestohlenen Kulturgütern im Zweiten Weltkrieg veröffentlicht hat,[61] wies schon damals nach, dass die Schweiz ein Hauptumschlagplatz für Zwangsverkäufe jüdischer Flüchtlinge gewesen sei. Viele der damals aktiven Galerien und Auktionshäuser existieren bis heute. Auch ihrer Aktivitäten sollte sich eine unabhängige Provenienzforschung annehmen.

Gegenwärtig kocht die Debatte um den rechtmäßigen Besitz von Kunstwerken in Schweizer Museen und Sammlungen im Zusammenhang mit dem Streit über den Verbleib der Bührle-Sammlung, die in

---

60 Francini/Heuss/Kreis, Fluchtgut-Raubgut, S. 25.

61 Thomas Buomberger, Raubkunst: Die Schweiz und der Handel mit gestohlenen Kulturgütern zur Zeit des Zweiten Weltkrieges, Zürich 1998.

einem Chipperfield-Erweiterungsbau des Zürcher Kunsthauses untergebracht werden soll, wieder hoch. „Der Weg“, so hat das der Publizist Stefan Koldehoff schon vor einigen Jahren bemerkt, „zu einem einheitlichen Umgang mit diesem Thema, der endlich auch die Schicksale und Interessen der NS-Opfer angemessen berücksichtigt und ihnen statt Willkür Sicherheit bietet, hat gerade erst begonnen.“[62]

Erste Anzeichen eines Umdenkens im Umgang mit NS-Raubkunst sind in allerjüngster Zeit aber auch in der Schweiz erkennbar. So gibt das Kunstmuseum in Bern, welches das Erbe von Cornelius Gurlitt angetreten hat, zwei Aquarelle von Otto Dix an die Erben des Rechtsanwaltes Ismar Littmann heraus.[63] Es ist zwar nicht das erste Mal, dass Kunstwerke aus Museen in der Schweiz restituiert werden, aber es ist das erste Mal, dass eine „Institution des Kulturbetriebs“ die Restitution „nicht nur in Kauf nimmt, sondern zu ihrer ureigenen Sache erklärt“.[64]

Neu ist in diesem Fall, wie ein Museum in der Schweiz mit der Frage der „Uneindeutigkeit“ umzugehen beginnt, mit „unvollständigen Erkenntnislagen“ also, wie sie häufig bei Fällen von NS-Raubkunst eine Rolle spielen. Die Beweislast soll jetzt nicht mehr, wie das bei Gerichten sonst üblich ist, beim Antragsteller liegen, sondern bei den Museen. Das Berner Kunstmuseum hat sich kürzlich dazu entschlossen, in den Fällen, in denen eine Provenienz nicht lückenlos belegbar ist, den Eigentumstitel aufzugeben, und zwar bis zur Klärung des Sachverhaltes. Das Museum will bis auf Weiteres das Kunstwerk behalten, aber, und das ist das Neue, verpflichtet sich, eine transparente Dokumentation anzulegen.

Diese Entscheidung, zunächst die erforderlichen Provenienzabklärungen herbeizuführen, ermöglicht es dem Berner Museum, wenn sich Begleitumstände und Hinweise verdichten sollten, und man feststellen kann, dass es sich bei einem als verdächtig eingestuften Werk tatsächlich um NS-Raubkunst handelt, dieses den eventuellen Antragstellern auszuhändigen. Zweifellos ein kompliziertes Verfahren. Es wird nicht ohne Weiteres umzusetzen sein, birgt aber die Hoffnung, dass andere Museen, wohlgemerkt nicht nur solche in der Schweiz, sondern auch in Deutschland, sich künftig an dieser Vorgehensweise orientieren.

62 Stefan Koldehoff, Raubkunst oder Fluchtgut, in: FAZ, 3. August 2015.

63 Über das Schicksal der Sammlung Littmann vgl. Koldehoff, Die Bilder sind unter uns, S. 178 ff.

64 Mark Siemons, Gurlitts Folgen. Das Kunstmuseum Bern setzt für Restitution einen neuen Maßstab, in: FAZ, 12. Dezember 2021.

12. Zwei der fünf Picasso-Bilder wechseln unter dubiosen Umständen in der Schweiz den Besitzer

Zwei der fünf Picassos („Nackter Knabe mit Pferd", „Porträt von Angel Fernández de Soto" [„Der Absinthtrinker"]), die PvMB in die Schweiz hatte hinausschmuggeln lassen, wechselten dort 1936 den Besitzer. Als „Verkäufer" trat in beiden Fällen Justin Thannhauser auf, der bei den Transaktionen allerdings nicht persönlich aktiv war, sondern Strohmänner zur Abwicklung seiner Geschäfte eingeschaltet hatte. Der Grund für diese Verfahrensweise war der Umstand, dass er als Kunsthändler in der Schweiz nicht zugelassen war und deshalb die Dienste Dritter benötigte, wenn er etwas aus seinen Beständen verkaufen wollte.

Um in der Schweiz Geschäfte machen zu können, bediente sich Thannhauser des Genfer Kunstbuchverlegers und Kunsthändlers Albert Skira (1904–1973), der dessen Bilder auf dem Schweizer Kunstmarkt anbot. Skira, der wegen Handels mit Raub- und Fluchtkunst später ins Visier der US-Dienststelle OSS (Amt für strategische Dienste/Untersuchungseinheit für die Plünderung von Kunstschätzen) geriet,[65] fand im Sommer 1936 im Gründer und Besitzer der Radiostation CBS, dem US-Amerikaner William S. Paley, einen interessierten Käufer. Nach vorhandenen Belegen fand der Verkauf des Picasso-Gemäldes „Nackter Knabe mit Pferd" am 26. August 1936 statt.

Die Umstände des Verkaufs erscheinen im Rückblick nicht nur undurchsichtig, sondern auch in höchstem Maß suspekt. Skira, der Paley darüber informiert hatte, dass der großformatige Picasso „Meneur de cheval nu" („Nackter Knabe mit Pferd") zum Verkauf stehe, fuhr, nachdem der Amerikaner sein Interesse bekundet hatte, mit einem Lastwagen von Genf nach St. Moritz, den Picasso auf der Ladefläche, und führte Paley das Bild in der Lobby von dessen Hotel vor.

Belegt ist, dass Justin K. Thannhauser bei dieser Transaktion mit von der Partie war. Persönlich trat er zwar nicht in Erscheinung, was ihn aber nicht davon abgehalten hat, im Hintergrund die Fäden zu ziehen und den Verkauf des Picasso-Bildes „Nackter Knabe mit Pferd" zu begleiten. Später gestand er Paley, so ist es in dessen Erinnerungen nachzulesen, er habe sich ebenfalls in St. Moritz aufgehalten und die Verhandlungen heimlich durch ein Fenster des Hotels beobachtet. Korrekt? Nicht korrekt? Wie kann oder muss dieses Bekenntnis Thannhausers bewertet werden?

Der vereinbarte Kaufpreis sei alles in allem „quite modest" gewesen, berichtet Paley in seinen Erinnerungen.[66] Auf die Frage, wer denn der Ver-

65 Vgl. Francini/Heuss/Kreis, Fluchtgut-Raubgut, S. 85.

66 William S. Paley, As it Happened. A memoir, Garden City 1979, S. 101 f.

käufer des Bildes sei, habe Skira allerdings, so Paley, ausweichend und nur einsilbig geantwortet. Das lässt wiederum den Schluss zu, dass die Beteiligten über die problematische Provenienz des Bildes informiert waren, zumindest aber geahnt haben, dass etwas mit der Herkunft des Bildes nicht stimmte und dass Vorsicht beim Verkauf wie Kauf hätte angebracht sein müssen.

Dass die damalige Transaktion, vorsichtig formuliert, aus heutiger Sicht mit einem oder mehreren Fragezeichen zu versehen ist, wird vor allem daran deutlich, dass Skira den US-Amerikaner Paley am nächsten Tag per Schreiben bat, den Scheck in Höhe von 15 000 US-Dollar auf die „Chase National Bank“ in New York auszustellen. So weit, so gut. Nur der Name des Verkäufers, so war in dem Schreiben ausdrücklich vermerkt, sollte ungenannt bleiben.[67] Das lässt im Rückblick den Schluss zu, dass Skira nicht nur über die Provenienz informiert, sondern auch darauf bedacht war, möglichst die auf Thannhauser bzw. auf PvMB hinweisenden Spuren zu verwischen.

In der Schweiz wurde auch ein zweiter Picasso aus PvMBs Sammlung zum Verkauf angeboten. Wie bei dem Werk „Meneur de cheval nu“ (Nackter Knabe mit Pferd) waren auch hier die Umstände der Transaktion äußerst undurchsichtig. Das „Porträt von Angel Fernández de Soto“, genannt „Der Absinthtrinker“, ein Hauptwerk aus Picassos „Blauer Periode“, erwarb zunächst der New Yorker Kunsthändler M. Knoedler, der es wiederum an William H. Taylor weiterreichte. Nach Taylor ging das Bild dann an das Sammlerehepaar Donald und Jean Stralem. 1995 gelangte das Bild schließlich zu Sotheby's, wo es der englische Komponist Andrew Lloyd Webber ersteigerte – für die damals bereits exorbitante Summe von 26,5 Millionen Dollar.

Beide Verkäufe sind dokumentiert, oder sagen wir besser: in einem nachträglichen Eintrag im Geschäfts- und Lagerbuch Thannhausers belegt. Im Fall des Picasso-Bildes „Meneur de cheval nu“ („Nackter Knabe mit Pferd“) findet sich unter dem Verkaufsdatum „28. VIII. 1936“ als Käufer „Skira-Paley, New York“. Im Fall des Picasso-Bildes „Der Absinthtrinker“ sind unter dem Verkaufsdatum „2. IX. 1936“ die Namen „Henschel-Knoedler, New York“ notiert. Zu welchem Preis und unter welchen Umständen und Auflagen die beiden Bilder abgegeben wurden, ist allerdings im Geschäfts- und Lagerbuch nicht vermerkt.

Recherchen ergaben, dass Thannhauser das „Absinthtrinker“-Bild an die Knoedler-Gallery für 6000 US-Dollar verkauft hat. Knoedler wiede-

67 Die Belegstelle kann aus rechtlichen Gründen nicht genannt werden.

rum veräußerte das Bild weiter, und zwar fast zum doppelten Preis – nämlich für 10 000 US-Dollar. Der Verkauf des Bildes an Knoedler zu einem „recht bescheidenen" Preis lässt den Schluss zu, dass Thannhauser, falls er das Bild tatsächlich zusammen mit den anderen vier Picasso-Bildern käuflich von PvMB erstanden haben sollte, diesem weniger als den Marktwert gezahlt hat.

Der „Weiterverkauf" des „Absinthtrinker"-Bildes an Knoedler erfolgte eindeutig unter dem damaligen Marktwert. Im Verkaufspreis dürfte die Gewinnmarge aber zweifellos miteinkalkuliert gewesen sein. Es ist höchst unwahrscheinlich, dass Thannhauser als Geschäftsmann, der er war, diesen Sachverhalt bei einem Weiterverkauf nicht berücksichtigt haben sollte. Und es zeigt darüber hinaus auch, dass Thannhauser, wenn überhaupt, PvMB für die Picasso-Bilder nicht den Preis bezahlt haben kann, der zu dieser Zeit hätte verlangt werden können.

13. Was geschah mit den drei Braque- und den restlichen drei Picasso-Gemälden?

Die drei Braque-Bilder sowie die weiteren im Besitz Thannhausers befindlichen Picassos gelangten nach dem Zweiten Weltkrieg in verschiedene Museen, teils durch Schenkung, teils durch heute nicht ganz nachvollziehbare Transaktionen. So ging das Porträt der „Madame Soler" nach dem Krieg, worüber noch ausführlicher zu berichten sein wird, an die BStGS, das Bild „Le Moulin de la Galette" an das New Yorker Guggenheim Museum und das Pastell „Tête de femme" auf Umwegen an die National Gallery in Washington.

Das Pastell „Tête de femme" hatte Thannhauser 1978 zunächst ebenfalls dem Guggenheim Museum überlassen. Das Museum verkaufte es später auf einer Auktion an einen anonymen Bieter. 1988 tauchte das Bild wieder auf einer Auktion auf und wurde, wie es heißt, von dem Immobilienentwickler Ian Woodner für ungefähr 660 000 US-Dollar erworben. Nach dem Tod Ian Woodners versuchte die Familie das Pastell zu verkaufen, was ihr aber nicht gelang. 2001 übergab die Familie das Bild der National Gallery als Geschenk.

PvMBs drei Braque-Bilder verblieben nach Ende der vom Baseler Kunstverein ausgerichteten Ausstellung in der Schweiz. Alfred Flechtheim, der sich das „Verfügungs- und Verkaufsrecht" über die Bilder hatte einräumen lassen, nahm sie in seine Kommissionsbestände auf. Wer sie später nach Flechtheims Tod verkaufte, bedarf noch weiterer, sehr sorgfältiger Nachforschungen. Ob, wohin und an wen Gelder geflossen sind, ist nicht bekannt.

Von zweien der drei Braques, zum einen das berühmte Hafenszene-Bild „Barque de Pêche“, zum anderen das Violinen-Bild („Le Violon“) wissen wir, dass sie sich heute im Besitz von Museen in den Vereinigten Staaten befinden. Beide Gemälde wurden, wie schon kurz angedeutet, nach Flechtheims Tod weiterverkauft. Auffällig sind indes die Provenienz-Lücken in den heute zugänglichen Unterlagen. PvMB wird in beiden Fällen nicht als der einstige Besitzer genannt, was den Verdacht erhärtet, dass beim Verkauf/Erwerb durch den Kunsthandel etwas verschwiegen oder bewusst vertuscht worden ist.

Die Museen, die Bilder aus der Sammlung PvMBs ankauften oder als Geschenk entgegennahmen, stellten, wenn überhaupt, nur unzureichende Nachforschungen an und haben es unterlassen, die Provenienz der Bilder im Einzelnen zu prüfen, wie es auch schon damals geboten gewesen wäre. Hätten sie das getan, wären sie vermutlich zu dem Schluss gekommen, dass mit der Herkunft der Bilder etwas nicht stimmen könne und Vorsicht beim Erwerb oder bei der Entgegennahme der Bilder als Geschenk geboten sei.

Im Fall des heute im Guggenheim Museum hängenden Picasso-Gemäldes „Le Moulin de la Galette“ ist der Befund eindeutig. In den Akten des Museums findet sich der Beleg, dass Thannhauser das Bild zu Lebzeiten von PvMB entgegengenommen hat und nicht, wie von mancher Seite behauptet wird, von dessen Witwe erwarb. Thannhauser hat diesen Sachverhalt in den 1960er Jahren sogar schriftlich bestätigt. Der damals zuständige Kurator des Guggenheim Museums, der für die Provenienzrecherchen verantwortlich zeichnete, beglaubigte die Aussagen per Unterschrift.

Die Restitutionsforderung der Paul von Mendelssohn-Bartholdy-Erben

14. Der Anlass der PvMB-Erben, Restitutionsforderungen gegenüber dem MoMA und dem Guggenheim Museum zu stellen

Es war die eingangs schon erwähnte kanadische Kunsthistorikerin und van Gogh-Expertin Bogomila Welsh-Ovcharov, die den Verfasser bei einem Deutschlandbesuch im Sommer 2004 in Potsdam aufsuchte und zu seinem großen Erstaunen darüber in Kenntnis setzte, dass PvMB Besitzer einer Anzahl von van Gogh-Bildern gewesen sei. Das brachte den nun Informierten, der bis dahin davon nichts wusste, auf den Gedanken, sich als Historiker, der er ist, näher mit der einstigen Sammlertätigkeit PvMBs zu befassen.

Die PvMB-Erben begannen um 2005, gemeinsam darüber nachzudenken, Restitutionsforderungen zu stellen. Nachdem sie genauere Kenntnisse von der Sammlung PvMB durch verschiedene Hinweise erhalten hatten und erfuhren, dass sich Bilder von Picasso aus PvMBs einstiger Sammlung im Besitz zweier renommierter amerikanischer Museen, im MoMA („Nackter Knabe mit Pferd") und im Guggenheim Museum („Le Moulin de la Galette"), befanden, entschlossen sie sich dazu, Restitutionsanträge zu stellen.

Das erste Mal hat der Verfasser sich öffentlich zu den Picasso-Bildern aus der Sammlung von PvMB geäußert, als das Picasso-Bild „Garçon à la pipe" („Junge mit Pfeife") 2004 bei Sotheby's zur Versteigerung kam. Einige Monate zuvor war er vom Auktionshaus, mit dem er zu dieser Zeit in einem anderen Restitutionsfall in Kontakt stand, angefragt worden, ob mit der Provenienz dieses Bildes alles korrekt sei und die PvMB-Erben irgendwelche Ansprüche erheben würden.

Der Verfasser erklärte damals in der Zeitschrift „Cicero": „Dieses Bild gehörte uns"[68], womit er PvMB meinte. Gleichzeitig teilte er Sotheby's mit, dass Elsa, die Witwe von PvMB, das in ihrem Besitz befindliche Bild nach 1945 in ihrer Eigenschaft als „befreite Vorerbin" verkauft habe. Das sei rechtlich zwar zulässig, aber, wie der Verfasser damals zum Ausdruck brachte, moralisch höchst problematisch gewesen.[69]

---

68 Vgl. Julius H. Schoeps, Dieses Bild gehörte uns. Picassos Garçon à la pipe für eine Rekordsumme versteigert, in: Cicero. Magazin für politische Kultur, März 2005, S. 110–112.

69 Vgl. Fiona Ehlers, Das Jahrhundertbild, in: Der Spiegel, 5/2005.

Bei einem USA-Aufenthalt zuvor war der Verfasser durch einen von Bogomila Welsh-Ovcharov hergestellten Kontakt mit der Anwaltskanzlei Byrne, Goldenberg & Hamilton (im Weiteren Anwaltskanzlei BGH) in Washington ins Gespräch gekommen. Damals hatte die Überlegung Konturen angenommen, mit Bezug auf die „Washingtoner Erklärung" von 1998 Restitutionsforderungen zu stellen. Erste Hinweise ergaben, dass zwei Picasso-Bilder aus der Sammlung PvMBs in New Yorker Museen hängen würden.

Im Jahre 2006 machten Edelgard von Lavergne-Peguilhen und der Verfasser im Namen der inzwischen ausfindig gemachten PvMB-Erben für die drei Picasso-Bilder „Le Moulin de la Galette" (1900), „Nackter Knabe mit Pferd" (1906) und „Porträt von Angel Fernández de Soto" (1903) Herausgabeforderungen geltend und brachten über die Anwaltskanzlei BGH die entsprechenden Restitutionsanträge an das Guggenheim Museum, das MoMA und die Andrew Lloyd Webber Foundation auf den Weg.

Im darauffolgenden Jahr, im April 2007, sandte die Kanzlei eine Anfrage an die Münchener Pinakothek der Moderne mit der Bitte um Auskünfte zur Provenienz des dort hängenden Picasso-Porträts „Madame Soler". In dem Schreiben erklärten die Anwälte, man untersuche einen „forced sale" und bitte deshalb um Dokumente den Verkauf des Bildes an Justin Thannhauser betreffend. Man sei insbesondere an Korrespondenzen, Memoranden oder anderen Unterlagen interessiert, die die einstige Thannhauser-Akquisition beträfen.

Wiederum ein Jahr später, am 4. Februar 2008, teilte Carla Schulz-Hoffmann, stellvertretende Generaldirektorin der Bayerischen Staatsgemäldesammlungen, den Washingtoner Anwälten mit, dass ihre Einrichtung eine solche Anfrage beantworten wolle und verwies darauf, dass die BStGS Provenienzrecherchen und eingehende Restitutionsanfragen sehr ernst nehmen würden. In ihrem Antwortschreiben merkte sie an, dass im Jahre 2000 das Bild „Die drei Lebensalter" von Leopold Graf von Kalkreuth, 2004 das Bild „Dämmerung am Gardasee" von Hans Thoma und 2005 das Bild „Musikalische Unterhaltung" von Fritz Schider restituiert worden seien.

Dann erfolgte die Auskunft, dass das Bild „Madame Soler" am 31. August 1935 von Justin Thannhauser rechtmäßig erworben worden sei. Verwiesen wird dabei auf das Lagerbuch II, das sich zu dieser Zeit im „Zentralarchiv des Internationalen Kunsthandels" in Köln befand. Bemerkt wurde, dass das Bild am 17. Juni 1937 von Luzern nach Paris gebracht worden sei, „where Justin K. Thannhauser lived in exile after he had to leave Germany because of the Nazi persecution".

Nach dem Auskunftsersuchen folgten Gespräche und Schriftwechsel der BGH-Anwälte mit den Verantwortlichen der BStGS und die Übergabe einiger Dokumente durch die BStGS, die allerdings keine näheren Aufschlüsse darüber gaben, wie Thannhauser seinerzeit in den Besitz des Picasso-Porträts „Madame Soler“ gekommen ist. Quittungen oder andere Dokumente, die belegen würden, dass es sich um einen rechtmäßigen Ankauf des „Madame Soler“-Bildes durch Thannhauser gehandelt habe, wurden seitens der BStGS nicht vorgelegt.

15. Das Restitutionsgesuch und die Bemühungen um die Herausgabe des Picasso-Bildes „Madame Soler“.

Am 12. August 2009 reichte die Anwaltskanzlei BGH mit Bezug auf die „Washingtoner Erklärung“ und weitere öffentliche Verlautbarungen (siehe Dokumente in der Anlage) im Auftrag von Lars Åkerman, dem Sprecher der schwedischen PvMB-Erben, bei der „Pinakothek der Moderne“ einen „Request for the Return of Pablo Picasso's *Portrait of Madame Soler*“ ein.[70] In einem kurz gehaltenen Schreiben führte die Anwaltskanzlei aus, dass PvMB das Bild „Madame Soler“ durch einen „forced sale“ oder durch einen „sale under duress“ verloren habe.

In einem beigelegten, von den Anwälten verfassten ausführlichen 86-seitigen Memorandum, das die vorliegenden Recherchen zusammenfasst, werden die Gründe ausführlich dargelegt, weshalb PvMB nach der sogenannten Machtergreifung gezwungen war, das Bild abzugeben. Die Vermutung, es könnte zu einer Beschlagnahmung durch die NS-Behörden kommen, hätte PvMB zweifellos bestimmt, das Bild „Madame Soler“ zusammen mit vier weiteren Picasso-Bildern Justin Thannhauser zu übergeben, damit er für diese im Ausland Käufer finde.

Es könne eigentlich kein Zweifel bestehen, so wird in dem Memorandum bemerkt, dass die Nazi-Verfolgung, persönliche Bedrohungen und Nötigungen PvMB dazu drängten, einen Käufer für seine Picasso-Bilder zu suchen. Nach deutschen Restitutionsgrundsätzen sei PvMBs „Verkauf“ bzw. Transfer an Thannhauser ein „NS-verfolgungsbedingter Entzug“ gewesen. Es gäbe keine Dokumente, die diese Annahme widerlegen und einen anderen Schluss zulassen.

Dass ein angemessener Kaufpreis vereinbart wurde und Gelder an PvMB bzw. an dessen Witwe Elsa geflossen sind, dafür lägen keine Belege

70 Request for the Return of Pablo Picasso's „Portrait of Madame Soler“ (1903), Acquired by Pinakothek der Moderne or Its Predecessor in or around 1964, BGH an Director Pinakothek der Moderne, 12. August 2009 [Kopie], Archiv, Moses Mendelssohn Stiftung.

vor. Es gäbe nur einige Hinweise, wie etwa die Aussagen des Kunsthändlers Siegfried Rosengart, einem Verwandten Thannhausers, der in Luzern dessen Filiale leitete, dass PvMB bereit gewesen sei, die Picasso-Bilder abzugeben, wenn er dafür ein akzeptables Angebot bekommen hätte. In Anbetracht dessen, dass die Picasso-Bilder seinerzeit „unter Druck" an Thannhauser abgegeben worden seien, bittet „Mr. Lars Akerman" die Pinakothek „respectfully" (höflichst) um die Herausgabe des Picasso-Bildes „Madame Soler" an die PvMB-Erben.

In dem von den BGH-Anwälten verfassten „Memorandum"[71] wird ausdrücklich vermerkt, dass PvMB bis zu dem Zeitpunkt, als die Nazis Ende Januar 1933 an die Macht kamen, kein Bild aus seiner Sammlung verkauft habe. Die einzige Ausnahme bilde das weniger bedeutende Gemälde „Gebirgssee" von Eugenio Lucas y Padilla, das PvMB anscheinend bereits 1918 veräußert hat. Belege dafür, dass PvMB sich vor 1933 von weiteren Bildern aus seiner Sammlung getrennt habe, lägen nicht vor.

Dann, zwischen 1933 und 1935, einem Zeitraum von weniger als anderthalb Jahren, habe PvMB 15 seiner Bilder, unter ihnen die fünf Picassos mit dem Porträt „Madame Soler", Kunsthändlern (Rosenberg, Flechtheim, Thannhauser) in Kommission übergeben, damit sie nach Käufern für die Bilder Ausschau halten sollten. Dieser Umstand allein, dass PvMB sich von einem Viertel seiner Kunstsammlung trennen wollte, belege, dass PvMB unter erheblichem ökonomischem Druck (ergo „under duress") gestanden habe.

Am 31. März 2010 folgte die Ablehnung des Restitutionsgesuches der PvMB-Erben durch ein Schreiben der BStGS, das an den von der Washingtoner Anwaltskanzlei BGH als Korrespondenzanwalt in Deutschland beauftragten Dr. Ulf Bischof gerichtet war. In dem Schreiben – wohlgemerkt ohne Begründung – erklärt man, es gäbe „keinen Zusammenhang zwischen dem Verkauf des Kunstwerkes [„Madame Soler"] und der Verfolgung von Paul von Mendelssohn-Bartholdy durch das nationalsozialistische Regime". Das Bild, so bedeutete man den Anwälten mit Bezug auf die „Washingtoner Erklärung", sei nicht „von den Nationalsozialisten beschlagnahmt worden".

Der Verkauf des Bildes, so wurde in dem Schreiben der BStGS ausgeführt, habe zwischen dem 7. Juli 1934 und dem 31. August 1935 stattgefunden. Nicht vermerkt wurde in dem Schreiben allerdings, wer in diesem Zeitraum das Konvolut mit den fünf Picasso-Bildern, zu denen auch

71 Memorandum der Anwaltskanzlei BGH, August 2009 [Kopie], Archiv, Moses Mendelssohn Stiftung.

das „Madame Soler"-Porträt gehörte, verkauft haben soll. So findet sich kein Hinweis in dem Schreiben, von wem, an wen und zu welchem Preis das Bild den Eigentümer wechselte. Die seitens der BStGS gemachten Ausführungen beschränken sich auf einige allgemeine Formulierungen ohne größeren Aussagewert.

Es könnte sein, so gab man den PvMB-Erben zu verstehen, dass der Verkäufer PvMB war, aber nach dessen Tod könnte es auch dessen Witwe Elsa gewesen sein, die das Gemälde zusammen mit den vier weiteren Picasso-Bildern abgegeben habe. Die von den BStGS in ihrem Schreiben gebrauchten Formulierungen verbleiben im Nebulösen. Der Verkauf, so teilten die BStGS den Anwälten der PvMB-Erben mit, sei jedenfalls nicht „Finanznöten" geschuldet und hätte auch nicht „unter Druck" stattgefunden.

Auffallend an der Stellungnahme der BStGS sind einige unzutreffende Behauptungen. So wird etwa erklärt, PvMB hätte schon einmal, und zwar 1910, testamentarisch bestimmt, dass seine erste Ehefrau Charlotte als „befreite Vorerbin" Besitzerin nicht nur der Haushaltsgegenstände und der Einrichtung, sondern auch der Kunstgegenstände sei, womit die BStGS offensichtlich sagen wollte, dass dazu auch die Bilder der PvMB-Sammlung gehören. Nur bleibt unklar, welche Bilder das gewesen sein sollen?

Letztere Behauptung bedarf der genaueren Überprüfung. Fest steht nämlich, dass PvMB zusammen mit seiner ersten Ehefrau Charlotte erst nach 1910, also wohlgemerkt nach Verfassen des Testamentes, mit dem Aufbau einer Sammlung begonnen hat. Vor diesem Zeitpunkt befanden sich im Besitz PvMBs nur einige wenige Familienbilder. Hinzu kommt, dass das Ehepaar, als es sich 1927 scheiden ließ, einvernehmlich die Bilder der von ihnen gemeinsam aufgebauten Sammlung untereinander aufgeteilt haben. Davon, dass Charlotte die alleinige Eigentümerin der im Zeitraum zwischen 1910 und 1927 gemeinsam erworbenen Bilder gewesen sein soll, kann also schon deshalb keine Rede sein.

Auch andere Bemerkungen in der Stellungnahme der BStGS bedürfen der Richtigstellung. So u. a. die Behauptung, dass die finanzielle Situation von PvMB nicht so schlecht war, wie sie von den Anwälten der PvMB-Erbengemeinschaft dargestellt werde. In der Stellungnahme wird allerdings vermieden, auf den tatsächlichen Vermögensverlust einzugehen, den PvMB in den Jahren 1933 bis 1935 hatte. Absicht oder nicht, es zeigt jedenfalls, dass die BStGS ganz offensichtlich schon damals nicht gewillt waren, die von den Anwälten der PvMB-Erben zusammengestellten Zahlenkolonnen zum erlittenen Vermögensverlust PvMBs in diesen Jahren

(Einkommen: 1931: RM 430.270, 1932: RM 436.457, 1933: RM 239.009, 1934: RM 59.340)[72] zur Kenntnis zu nehmen.

In dem Schreiben der BStGS wird bemerkenswerterweise auch nicht darauf eingegangen, dass es sich bei dem „Erbvertrag" vom 8. Februar 1935 um ein sogenanntes Verfolgtentestament gehandelt hat. Die handschriftliche Hinzufügung („Dabei wird vermerkt, dass die Gemälde Frau von Mendelsohn-Bartholdy bereits bei der Hochzeit geschenkt worden sind"), über die schon berichtet wurde, wird im Schreiben der BStGS ebenfalls nicht angesprochen, was den Schluss zulässt, dass man in der Direktionsetage der BStGS ganz offensichtlich bezweifelt, dass es in jener Zeit so etwas wie Schutzmaßnahmen in Form von „Verfolgtentestamenten" gegeben hat.

Augenfällig ist, dass der Justitiar der BStGS, Regierungsdirektor Robert Kirchmaier, der im Auftrag der Direktion das Schreiben verfasst hatte, sich in diesem nur auf die ursprüngliche „Washingtoner Erklärung" bezog und feststellte, dass das Bild „Madame Soler" „nicht von den Nationalsozialisten beschlagnahmt wurde". Das ist zwar eine zutreffende Bemerkung, die aber den eigentlichen Sachverhalt nicht anspricht bzw. den Sachverhalt verkürzt wiedergibt.

Die Stellungnahme des Justitiars berücksichtigte nicht, darauf sei an dieser Stelle ausdrücklich verwiesen, die am 30. Juni 2009 verabschiedete „Terezin Declaration", in der nicht nur von beschlagnahmten Kunstwerken, sondern auch von „verfolgungsbedingt entzogenen Kunstgegenständen" die Rede ist. Absicht oder Kalkül? Oder war und ist es nur Unkenntnis? Darüber kann man nur spekulieren.

Seitens der BStGS wird darauf verwiesen, dass die Mendelssohn-Bartholdy-Erben 2005 „alle bei uns befindlichen Dokumente in Kopie erhalten" hätten. Alle Dokumente? Zweifel sind angebracht. Das belegen nicht nur die Recherchen von Jonathan Petropoulos, von denen noch zu sprechen sein wird. Die Aussage, dass das Picasso-Bild „Madame Soler" in verschiedenen Museen zu sehen gewesen sei und die PvMB-Erben in den Jahren vor der Verabschiedung der „Washingtoner Erklärung" keine Ansprüche auf das Porträt angemeldet hätten, verkennt den Umstand, dass die durch den NS-Terror in aller Welt verstreut lebenden Erben keine Kenntnisse von der Existenz der PvMB-Kunstsammlung hatten.

Am 27. April 2011 fand in München in der Neuen Pinakothek ein Treffen statt, an dem von Seiten der Pinakothek Dr. Carla Schulz-Hoffmann,

72 Memorandum der Anwaltskanzlei BGH, August 2009, S. 8 [Kopie], Archiv, Moses Mendelssohn Stiftung.

Dr. Robert Kirchmaier und die Provenienzforscherin Dr. Andrea Bambi und von Seiten der PvMB-Erben John Byrne sowie die deutschen Rechtsanwälte Ulf Bischof und Detlev Stoecker teilnahmen. Nach dem Austausch der unterschiedlichen Positionen waren sich die Anwesenden – folgt man einem Gedächtnisprotokoll von John Byrne – in folgenden Punkten einig:

1. Dass PvMB wegen seiner jüdischen Abstammung verfolgt wurde und unter Druck geraten war, bevor er das Picasso-Bild „Madame Soler" an Thannhauser in Kommission übergeben hat.
2. Die Pinakothek stimmte zu, dass PvMB Eigentümer der fünf Picasso-Bilder war, als sie nach Buenos Aires geschickt wurden und dass sie zunächst an Thannhauser in Kommission gegeben und später von diesem – wofür keine Belege vorliegen – angekauft worden sind.
3. Im Unterschied zu MoMA/Guggenheim/Webber stimmte die Pinakothek der Feststellung zu, dass es sich bei der Ausstellung in Buenos Aires um eine Verkaufsausstellung gehandelt habe.

In den folgenden Punkten war man unterschiedlicher Ansicht und der Meinung, dass zur Klärung der Umstände weitere Recherchen notwendig seien:

1. Wohin erfolgte der Rücktransport der Picasso-Bilder aus Buenos Aires – nach Berlin oder zurück nach Luzern?
2. Hatte die NS-Verfolgung, der PvMB ausgesetzt war, Auswirkungen auf die Übergabe bzw. den Verkauf des „Madame Soler"-Bildes an Thannhauser?

In der letzteren Frage gab es keine Übereinkunft, da die Pinakothek die Ansicht vertrat, die Nürnberger Gesetze hätten noch nicht gegriffen. PvMB sei kein durch das NS-Regime Verfolgter gewesen, sondern ein wohlhabender Protestant (wenn auch mit jüdischen Wurzeln), der – aus welchen Gründen auch immer – Teile seiner Sammlung zum Verkauf gegeben habe. Sein Vermögen hätte im Februar 1935 1,7 Millionen betragen und der Ankauf eines Bauernhauses in Bayern, so argumentierte die bei den BStGS angestellte Provenienzforscherin Dr. Andrea Bambi, sei kein Fluchtort gewesen, da in dieser Gegend prominente Nazis ihre Ferienhäuser gehabt hätten.

Die Anwälte der PvMB-Erben hielten dagegen, dass PvMB sich in einer ökonomischen Abwärtsspirale („downward spiral") befunden habe, und verwiesen auf die zahlreichen Emails an die Pinakothek, in denen die

Umstände des Vermögensverlustes in allen Einzelheiten beschrieben worden sind. Der auf PvMB ausgeübte Druck hätte zur Folge gehabt, dass er aus bestimmten Beteiligungen hinausgedrängt wurde und gezwungen war, sich von wertvollen Kunstwerken zu trennen, um Liquidität herzustellen.

Widersprochen wurde in dem Antwortschreiben der Anwaltskanzlei BGH auch den Behauptungen von Dr. Andrea Bambi. Entgegen ihrer Ansicht sei das Bauernhaus ein sicherer Hafen vor den Nachstellungen der Nazis gewesen. Die beeidigte Zeugenaussage von Elsas Nichte Edelgard von Lavergne-Peguilhen belege, dass der Kauf dieses Hauses von PvMB als Flucht- und Rückzugsort angesehen wurde. Das Haus, das PvMB im Namen seiner Frau erwarb (der Kauf des Hauses wurde am 4. Oktober 1934 auf Elsas Namen eingetragen), war ebenso wie der erfolgte Umzug im Sommer 1933 vom Palais in der Alsenstraße in einen Seitenflügel des Schlosses Bellevue eine Schutzmaßnahme, die dazu diente, sich möglichen Attacken von SA und anderen Nazihorden zu entziehen.

Die Ablehnung des Restitutionsgesuches durch die BStGS bestimmten Edelgard von Lavergne-Peguilhen, Peter Schüring und den Verfasser der vorliegenden Publikation, als Sprecher eines Teils der Erbengemeinschaft, am 24. Mai 2011 ein Antwortschreiben an die BStGS zu schicken, in dem Unverständnis und Bedauern geäußert wurde, dass die BStGS und damit der Freistaat Bayern nicht bereit seien, das Bild „Madame Soler" zu restituieren bzw. den Fall durch die „Limbach-Kommission" klären zu lassen.

Einige Wochen später, am 29. Juni 2011, sandten Peter Schüring und der Verfasser ein weiteres Schreiben an den Justitiar der BStGS Robert Kirchmaier, in dem sie dessen Behauptung, PvMB sei nicht wegen seiner jüdischen Herkunft verfolgt worden, auf das Ausdrücklichste zurückwiesen. Wie so viele andere jüdische Sammler sei auch PvMB, so erklärten Schüring und der Verfasser, „verfolgungsbedingt gezwungen gewesen, sich nach 1933 von seiner Kunstsammlung zu trennen".

Wenn, so wurde in diesem Schreiben bemerkt, die dargestellten Gründe für eine Ablehnung der geforderten Restitution richtig wären, könne die Familie Mendelssohn-Bartholdy nicht nachvollziehen, warum die BStGS sich so vehement einer Behandlung des Falles durch die „Limbach-Kommission" widersetzten. Eine Beschäftigung der „Kommission" mit dieser Frage, gaben sie zu bedenken, könnte zur Klärung der strittigen Sachverhalte beitragen.[73]

73 Erbengemeinschaft Mendelssohn-Bartholdy an die BStGS, 29. Juni 2011 [Kopie], Archiv, Moses Mendelssohn Stiftung.

Ungeachtet der Einwände hat einige Monate später, am 17. Oktober 2011, der damalige Generaldirektor der BStGS Klaus Schrenk eine „offizielle" Stellungnahme veröffentlich, die in der von der DZK betriebenen Lost Art Database eingestellt wurde. In dieser „Stellungnahme" gaben die BStGS die Erklärung ab, „aufgrund der uns vorliegenden Dokumente und auf Grundlage der Recherche" sei die Restitutionsforderung der PvMB-Erben abzulehnen, „da sie [die BStGS] der Ansicht sind, dass es sich nicht um einen verfolgungsbedingten Verkauf handelt".

Auf diese „Stellungnahme" und auf die in dieser erhobene Behauptung werden wir später zurückkommen, und zwar dann, wenn die Umstände des Ankaufs des Picasso-Bildes „Madame Soler" durch die BStGS einer näheren Betrachtung unterzogen werden. Manches, was zu unterschiedlichen Bewertungen und Fehleinschätzungen geführt hat, wie etwa die „Stellungnahme" des Generaldirektors Klaus Schrenk, hat erkennbar zu tun mit der strittigen Debatte um die Besitz- und die Eigentumsverhältnisse von „Madame Soler". Dass es unterschiedliche Ansichten dazu gibt, hängt in erster Linie mit dem eigenartigen Geschäftsgebaren einiger der an dem Erwerb bzw. an dem Ankauf/Verkauf mittelbar und unmittelbar beteiligten Personen zusammen. Aber dazu an anderer Stelle mehr.

16. Das Urteil eines New Yorker Gerichts und der Vergleich mit dem MoMA und dem Guggenheim Museum

Die PvMB-Erben forderten derweil die Herausgabe der beiden Picasso-Bilder, von denen sie der Ansicht waren, sie seien unrechtmäßig im Besitz der Museen MoMA und Guggenheim. Die Museen wiederum bestanden darauf, rechtmäßige Eigentümer der Picasso-Bilder zu sein. Die von den Erben und den Museen eingeschalteten Rechtsanwaltskanzleien bemühten sich, nachdem von beiden Seiten aufwendige Provenienzrecherchen angestellt und Gutachten und Expertisen eingeholt wurden, nicht streitig vor Gericht zu ziehen, sondern einen Vergleich („Settlement") auszuarbeiten.

Vorausgegangen war dem Vergleich der viel beachtete Entscheid eines unabhängigen US-Bundesrichters im Staate NY, der im Januar 2009 eine gemeinsam vom MoMA und dem Guggenheim Museum eingereichte Klage gegen den Verfasser und andere abwies. In seiner Begründung erklärte der Richter: „[...] the claimants [Schoeps et al.] have adduced competent evidence sufficient to create triable issues of fact as to essential elements of their claims, viewing the evidence most favorable to them". Und an anderer Stelle des Gerichtsentscheids heißt es: „The Mendelssohn heirs have adduced competent evidence that [Paul Mendelssohn-Bartholdy] never intended to transfer any of his paintings and that he was forced to transfer them only because of threats and economic pressures by the Nazi government."[74]

Im Kern ging und geht es darum, was die PvMB-Erben bestreiten, dass Thannhauser die fünf Picasso-Bilder durch Kauf oder auf andere Art rechtmäßig erworben habe. Die Recherchen, die hierzu angestellt wurden, haben jedoch keine weiterführenden Erkenntnisse erbracht. Fest steht nur, dass die New Yorker Museen im Streit mit den PvMB-Erben seinerzeit keine gerichtsfeste Dokumentation über den vollzogenen Ankauf der fünf Picasso-Gemälde durch die Galerie Thannhauser vorlegen konnten.

Weder wurden aktenkundige Quittungen beigebracht, aus denen man ersehen könnte, dass tatsächlich ein solcher Ankauf seitens Thannhauser stattfand. Noch sind irgendwelche Zahlungen an PvMB belegbar. Auch an seine Witwe Elsa sind nach dessen Tod keine Gelder geflossen. Die Frage stellt sich also, wie dieser Umstand zu bewerten ist. Handelte es sich um einen Verkauf? Oder hatte Thannhauser die Picasso-Bilder von PvMB nur in Kommission erhalten, um für sie auf dem Kunstmarkt außerhalb Deutschlands Käufer zu suchen?

Aufgrund des Gerichtsbescheides in New York gelang es zwar nicht, den Konflikt zwischen den Museen und der Erbengemeinschaft beizulegen, aber man fand im beiderseitigen Einvernehmen insofern eine Lösung, als man einem Vergleich („Settlement") zustimmte: Das Museum of Modern Art (MoMA) und das Guggenheim Museum zahlten eine nicht öffentlich gemachte Summe an die Erbengemeinschaft, die sich wiederum im Gegenzug zum Verzicht auf alle weiteren Ansprüche gegenüber den beiden Museen verpflichtete.

Was zu einigen Irritationen führte, war die Geheimhaltungsregelung, die mit der Abfindungsvereinbarung („settlement agreement) getroffen worden war. Sie wurde vom Gericht heftig kritisiert. Die Öffentlichkeit hätte ein Recht darauf, erklärte der zuständige Richter Jed. S. Rakoff, über den Inhalt des Vergleichs informiert zu werden. Der Inhalt der Abfindungsvereinbarung, so Rakoff, sei „von erheblicher öffentlicher Bedeutung" („At the heart of this action are issues of considerable public import")[75] und sollte der Öffentlichkeit nicht vorenthalten bleiben.

Wie die beiden New Yorker Museen zuvor erklärte sich auch die Andrew

74 Schoeps v. MoMA, 594 D. Supp. 2d 461 (S.D.N.Y.).

75 Memorandum Order Jed S. Rakoff, United States District Court, Southern District of New York, 23. März 2009.

Lloyd Webber Foundation im Januar 2010 mit Bezug auf das Urteil des New Yorker Gerichtes und die mit den Museen getroffene „Settlement“-Vereinbarung bereit, einen Vergleich mit der Erbengemeinschaft abzuschließen. Über die Höhe der Entschädigungssumme, die man im Fall des Picasso-Bildes „Porträt von Angel Fernández de Soto“ (Der Absinthtrinker) den PvMB-Erben zugestand, wurde ebenfalls Stillschweigen vereinbart.

Der mit den New Yorker Museen und der mit der Andrew Lloyd Webber Foundation ausgehandelte Vergleich, der die Bilder bei den Museen bzw. bei der Stiftung in England beließ, beinhaltete faktisch das Eingeständnis, dass PvMB unter Druck („under duress“) die Picasso-Bilder in den Jahren 1933 bzw. 1934 hatte abgeben müssen, was bis zu diesem Zeitpunkt seitens der Museums-Anwälte und einiger von den Museen beauftragter Gutachter auf das Heftigste bestritten wurde.

Nach einigem Hin und Her hat auch die National Gallery in Washington das zu dem Konvolut der fünf Picasso-Bilder gehörende Picasso-Pastell „Kopf einer Frau“ („Tête de femme“, 1903) im Frühjahr 2021 an die PvMB-Erben restituiert. Man sei, so erklärte man seitens der National Gallery, als das Bild 2001 als Geschenk der Ian Woodner Family Collection an die National Gallery übergeben wurde, bemüht gewesen, die Provenienz zu klären. Aus welchen Gründen auch immer ist dies jedoch nicht geschehen.

Wie das MoMA und das Guggenheim erklärten auch die Vertreter der National Gallery bei der Übergabe des Bildes, sie hätten sich nur deshalb zu einer Herausgabe des Pastells durchgerungen, um weitere Gerichtskosten zu vermeiden. Auffallend dabei ist, dass die Museen in New York und die National Gallery ganz offensichtlich in engerem Kontakt miteinander standen und sich in ihren Abwehrargumenten miteinander abgestimmt haben. Wie weit das zulässig war und ist, und ob eine solche Abstimmung gegen die guten Sitten verstößt, bleibt dahingestellt.

Festzuhalten ist, dass ein Austausch zwischen den Museen stattgefunden hat, obwohl seinerzeit zwischen den Anwälten der Erbenseite und den Anwälten der Museen Vertraulichkeit vereinbart worden war, was die Einzelheiten des Vergleichs mit dem MoMA und dem Guggenheim betraf. Das gleichlautende Argument, dass man Gerichtskosten sparen wolle und deshalb einem Vergleich bzw. einer Rückgabe zustimme, ist zweifellos miteinander abgesprochen worden und diente u.a. auch den BStGS dazu, worüber noch zu berichten sein wird, vom eigentlichen Sachverhalt abzulenken, nämlich, ob Thannhauser, als er das „Madame Soler“-Porträt an die BStGS verkaufte, der Eigentümer des Bildes gewesen ist oder nicht.

Sieht man sich den Streitfall um die beiden Picasso-Bilder „Nackter Knabe mit Pferd“ und „Le Moulin de la Galette“ etwas genauer an, so kommt man um die Feststellung nicht umhin, dass es im Interesse der Museen gelegen haben dürfte, einen Vergleich abzuschließen. Die Überlegung der Verantwortlichen in den Museen war: Man zahlt eine gewisse Summe an die PvMB-Erben und schafft damit eine leidige Angelegenheit aus der Welt. Selbst wenn auf Seiten der New Yorker Museen die Meinung vorherrschend gewesen sein sollte, sie seien rechtmäßige Eigentümer der Bilder, so glaubte man, dass einem Vergleich zuzustimmen der beste Weg wäre, das Problem, vor allem im Hinblick auf die Außenwirkung, auf die eleganteste Weise zu klären.

Durch den zustandegekommenen Vergleich erhielten das MoMA, das Guggenheim sowie die Andrew Lloyd Webber Foundation die Zusicherung der PvMB-Erben, dass sie sich künftig als rechtmäßige Eigentümer der Bilder bezeichnen können. Die Bilder waren durch diese Zusicherung nicht mehr „tainted“ (befleckt, behaftet), wie es im US-amerikanischen Sprachgebrauch heißt. Im Fall der Auseinandersetzungen der PvMB-Erben mit dem MoMA, dem Guggenheim und der Andrew Lloyd Webber Foundation dürfte der Umstand der Befreiung der Bilder vom Geruch einer NS-Raubkunstware der ausschlaggebende Grund gewesen sein, einem „settlement“ zuzustimmen.

Aber wie verhält es sich in dem etwas anders gelagerten Fall des Picasso-Pastells „Tête de femme“ (Kopf einer Frau), das von der National Gallery an die PvMB-Erben restituiert wurde? Warum gibt ein Museum, in diesem Fall die National Gallery, ein Bild heraus, von dem es sicher ist, der rechtmäßige Eigentümer zu sein? Allein, um Gerichtskosten zu sparen? Das klingt nicht sehr überzeugend.

Auch die National Gallery benutzte eines der üblichen Ablenkungsargumente, wenn deren Vertreter erklärten, man hätte bereits zahlreiche Bilder an Erben herausgegeben, was beweise, dass man durchaus bereit und willens sei, Kunstwerke, die unter NS-Raubkunstverdacht stünden, zu restituieren.[76] Allerdings waren es, wenn es zu solchen Herausgaben kam, das sei ausdrücklich hier vermerkt, zumeist Bilder von geringerem Wert.

Ein stichhaltiges Argument für die Behauptung, dass man Gerichtskosten sparen wolle und auch schon einige andere Bilder aus dem Bestand an Erben zurückgegeben habe, ist das sicherlich nicht. Eher ist es

76 Hierzu s. Sebastian Smee, Picasso portrait returned by National Gallery to heirs of Jewish banker persecuted by Nazis, in: Washington Post, 1. April 2020.

so etwas wie eine Rechtfertigung im Nachhinein, eine Behauptung post festum, um auf die eigentliche Kontroverse und den eigentlichen strittigen Sachverhalt nicht eingehen zu müssen.

Der Eindruck, der sich einstellt, ist der, dass die vorgebrachten Argumente letztlich alle nur dazu dienen, Anspruchsteller, wie die PvMB-Erben und Herausgabeforderungen von Erben in anderen ähnlich gelagerten Fällen, als geldgierige Haie und schmierige Geschäftemacher zu diffamieren. Wie hat es ein Berliner Kunsthändler und Betreiber eines renommierten Auktionshauses in der Überschrift eines FAZ-Artikels seinerzeit einmal genannt: „Sie sagen Holocaust und meinen Geld."[77]

Die mehr oder weniger offene Unterstellung, die Erben seien eigentlich nur auf Geldzahlungen aus, hat in manchen Kommentaren häufig einen deutlich erkennbaren antisemitischen Unterton. Im Fall des Restitutionsanspruches „Madame Soler" sind manche Bemerkungen gefallen, die so gedeutet werden könnten, dass die PvMB-Erben zwar Ansprüche gestellt haben, von denen man aber der Ansicht ist, dass sie durch nichts gerechtfertigt seien. In Online-Kommentaren ist die Rede von „geldgeilen Nachfahren" und „dummdreisten Abzockversuchen". Oder es findet sich die süffisante, alles besagende Bemerkung: „JETZT damit zu kommen hat schon ein G'schmäckle."

Der damalige Generaldirektor der Bayerischen Staatsgemäldesammlungen Klaus Schrenk hat am 17. Oktober 2011 die von den New Yorker Museen vorgetragenen Argumente jedenfalls dazu benutzt, um die Restitutionsforderung der PvMB-Erben abzulehnen. Die BStGS sähen, so bemerkte Schrenk in seiner damaligen Stellungnahme, über die noch im Einzelnen zu sprechen sein wird, die Erklärung der New Yorker Museen als Bestätigung der Haltung der BStGS an, dass kein Grund bestehe, Picassos Porträt „Madame Soler" an die PvMB-Erben herauszugeben. „Sie [MoMA und Guggenheim] sind rechtmäßige Eigentümer der Werke und ihre Haltung bestätigt die Ansicht der Bayerischen Staatsgemäldesammlungen, dass der Verkauf im Jahre 1935 nicht unter ökonomischen Druck (!) erfolgte".

Was auch immer der damalige Generaldirektor Schrenk und die ihm zuarbeitenden ProvenienzforscherInnen sich bei dieser Behauptung gedacht haben mögen, ist nicht nachvollziehbar. Die Behauptung, PvMB sei nach 1933 keiner Verfolgung ausgesetzt gewesen und hätte nicht unter Druck („under duress") des NS-Regimes gestanden, ist keinesfalls zutreffend. Entweder haben wir es hier mit mangelnden historischen Kennt-

77 FAZ, 10. Januar 2007, S. 13.

nissen zu tun oder, was vermutlich noch eher zutrifft, die ProvenienzforscherInnen, die im Auftrag der BStGS arbeiten, haben nicht die einschlägigen Aktenbestände studiert.

Die intensivere Beschäftigung mit den einschlägigen Aktenbeständen und der historischen Literatur würde zeigen, dass auf Juden nach der „Machtergreifung", zumal dann, wenn sie wohlhabend waren, enormer Druck ausgeübt wurde. Sie waren, das sollte eigentlich unbestritten sein, vielfach gezwungen, Schutzmaßnahmen einzuleiten. Das galt für PvMB wie für so manch andere deutsche Juden, die sich nach der Machtübernahme durch Hitler und die Nationalsozialisten bemühten, so gut es ging, ihr Hab und Gut vor dem Zugriff des Regimes und habgieriger Zeitgenossen zu schützen.

Pablo Picasso: Madame Soler, 1903
rechts: Pablo Picasso: Nackter Knabe mit Pferd / Junge, der ein Pferd führt, 1905–06

Pablo Picasso: Portrait of Angel Fernández de Soto, 1903

Pablo Picasso: Head of Woman, 1903

Pablo Picasso: Le Moulin de la Galette, 1900

Pablo Picasso: Junge mit Pfeife, 1905

Vincent van Gogh: Sonnenblumen, 1889

Der Ankauf des Picasso-Porträts „Madame Soler" von den Bayerischen Staatsgemäldesammlungen

17. Die Bayerischen Staatsgemäldesammlungen (BStGS) erwerben 1964 das Picasso-Bild „Madame Soler"

Der Weg des Picasso-Porträts „Madame Soler" (1903) in die Sammlung der Pinakothek ist untrennbar mit dem Weg der anderen vier Picasso-Gemälde verbunden. Jedes dieser Bilder erzählt eine ähnliche Geschichte über den durch die nationalsozialistische Verfolgungspolitik evozierten Zwangstransfer von Bildern aus der Sammlung von PvMB und die danach erfolgten Veräußerungen bzw. Schenkungen an Museen wie das Guggenheim und das MoMA. Die Wege waren zwar unterschiedlich, lassen aber in jedem Fall deutlich die Handschrift Justin K. Thannhausers erkennen.

Wenn wir jetzt auf den Ankauf des „Madame Soler"-Porträts durch die Pinakothek im Jahre 1964 zu sprechen kommen, dann stützen wir uns in erster Linie auf Prozessunterlagen und die Forschungen und Erkenntnisse des US-Historikers und Raubkunstexperten Jonathan Petropoulos, der auf der Basis von Archivstudien (u. a. Bayerisches Hauptstaatsarchiv München, Bundesarchiv, ZADIK, Zentralarchiv des deutschen Kunsthandels, Zentralinstitut für Kunstgeschichte/München, Getty Research Institute/Los Angeles) argumentiert, sowie auf das Hinzuziehen von einschlägigen Auktionskatalogen, um den Umständen der damaligen Transaktion in allen Einzelheiten nachzugehen.

Der Ankauf hatte einen Nebenaspekt, der meist nicht berücksichtigt wird, wenn über den Fall des „Madame Soler"-Porträts von Picasso gesprochen wird. Die BStGS hatten im Vorfeld des Ankaufs den Plan entwickelt, ein Konvolut von 113 Kunstwerken der Nazi-Ära, das sich im Bestand der BStGS befand, auf den Markt zu werfen und Käufer für sie zu suchen, um Mittel für den Ankauf von Kunstwerken der Moderne zu generieren.[78]

Das Konvolut, um das es damals ging, enthielt Gemälde, die Nazi-Größen wie Hermann Göring, Martin Bormann und Heinrich Hoffmann einst besessen hatten. Manche der Kunstwerke, die sich in diesem Konvolut befanden, waren während der Nazi-Zeit geraubt oder von jüdischen Eigentümern konfisziert worden. Andere waren unklarer Herkunft. Stimmen, die von dem Plan erfuhren, diese Werke zu veräußern, warnten,

78 Vgl. Halldor Soehner an das Bayerische Staatsministerium für Unterricht und Kultus, 14. Oktober 1965, BayHStA, MK50870.

wenn das Vorhaben bekannt würde, könnte das dazu führen, dass die Reputation Münchens als Kulturzentrum leide.

Die 113 Gemälde, die Halldor Soehner (1919–1968), der damalige Generaldirektor, nicht als museale Stücke, sondern als „Durchschnittsbilder“ klassifizierte, wurden Ende 1966 und Anfang 1967 über bekannte Auktionshäuser, zu denen Adolf Weinmüller in München, Leo Spik in Berlin und Lempertz in Köln gehörten, versteigert. Einige diese Auktionshäuser waren in der NS-Zeit an „Arisierungen“ von Konkurrenten beteiligt oder haben mit konfiszierten Kunstwerken gehandelt. Ihre einstigen Kontakte halfen, diese „Durchschnittsbilder“ auf dem Kunstmarkt zu veräußern.

Von den angebotenen Gemälden wurden 106 verkauft und ein Betrag von 1.014.463 DM eingenommen. Halldor Soehner gab später zu, dass er die Auktionshäuser, denen die Bilder zur Versteigerung übergeben worden waren, gezielt ersucht hatte, die Eigentümervorgeschichte möglichst nicht zu erwähnen. Letzteres führte dazu, dass noch heute in manchen Museen und Privatsammlungen Bilder hängen, deren Provenienz als problematisch zu gelten hat.

Die auf diesen Versteigerungen erzielten Erlöse wurden nicht an die ursprünglichen jüdischen Eigentümer oder an jüdische Opferverbände ausgehändigt, was aus heutiger Sicht hätte erfolgen müssen. Durch das Verheimlichen der Provenienz der Bilder machte sich nach heutigen Maßstäben der Freistaat Bayern der Untreue schuldig, sowohl gegenüber den Steuerzahlern als auch gegenüber den Opfervertretern und ihren Organisationen, die erst viele Jahre später durch die historische Forschung von diesen Aktivitäten erfahren haben.

Halldor Soehner spielte nicht nur bei der Auktionierung der Kunstwerke von „NS-Größen“ und „Nazi-Bonzen“ eine zentrale Rolle, sondern auch beim Ankauf des Picasso-Porträts „Madame Soler“. Das alles hatte einen ausgesprochen pikanten Beigeschmack. Soehner, einstiges NS-Parteimitglied (Mitgliedsnummer 8285179), war äußerst umtriebig, wenn es galt, Geschäfte mit Bildern zu machen, über die er verfügen oder die er erwerben wollte.

Bevor Soehner das Amt in München antrat, war er auf Empfehlung von Kurt Martin zu einem mehrmonatigen Forschungsaufenthalt in die Vereinigten Staaten gereist, wo er nicht nur Museen besuchte, sondern auch Kontakte zu Galerien, Kunsthändlern und Sammlern knüpfte. Bei dieser Gelegenheit, es waren die Wochen zwischen dem 10. März und dem 10. Juni 1964, traf Soehner auch mit Justin K. Thannhauser zusammen, den er in seiner Wohnung 12 East 67th Street in New York aufsuchte.

Wie durch Fotos belegt ist, hingen in dessen Privatwohnung, die gleichzeitig Galerie war, ein Dutzend Picasso-Bilder, darunter das „Madame Soler“-Porträt. Bei einem seiner Besuche im April oder Mai 1964 war Soehner bemüht, Thannhauser zu überzeugen, ein oder zwei Kunstwerke aus seinem Besitz zu angemessenen Preisen den BStGS zu überlassen.

Soehners damaliger Besuch bei Thannhauser ist belegt durch einen Eintrag in dessen Gästebuch. Ein anderer eingetragener Gast ist erwähnenswert, auch wenn er mit dem Besuch Soehners nichts zu tun hatte. Unmittelbar unter Soehners Eintrag im Gästebuch befindet sich der des Schriftstellers Günter Grass, der bei einem Aufenthalt 1964 in New York Thannhauser in dessen Wohnung aufsuchte und die dort hängenden Bilder bewunderte. In das Gästebuch notierte er: „Nach einem Besuch, der mich zum Dieb machen könnte [...].“

Soehner und Thannhauser einigten sich noch in New York darauf, vermutlich per Handschlag, das Degas-Bild „Henri Rouart und sein Sohn Alexis“ für 1,9 Millionen DM und das Picasso-Gemälde „Madame Soler“ für 1,6 Millionen DM den BStGS zu überlassen. Zurückgekehrt nach München, hat Soehner am 1. Juli 1964 den „Deal“ per Brief bestätigt. In dem darauffolgenden Briefwechsel zwischen Soehner und Thannhauser, der sich im Archiv der BStGS befindet, wurden die Einzelheiten des Ankaufs bzw. Verkaufs ausgehandelt.

Anfang August 1964 suchte Soehner Thannhauser in Saint-Jean-Cap-Ferrat in Südfrankreich auf und bestätigte in einem „letter agreement“ (bemerkenswerterweise auf einem Briefpapier „Hotel Intercontinental Genève“ geschrieben) am 3. August 1964 den Ankauf des Ölgemäldes „Madame Soler“ für die BStGS. Für Irritationen in Münchener Amtsstuben sorgte allerdings Thannhausers Bemerkung, dass er nicht als Eigentümer, sondern als Kommissionär handele und die vereinbarte Ankaufssumme an die Stiftung „Les Beaux Arts“ überwiesen werden solle. Die Benutzung des Briefpapiers „Hotel Intercontinental Genève“ diente Thannhauser offensichtlich dazu, den Eindruck zu erwecken, das Geschäft sei nicht in Frankreich, sondern in der Schweiz abgewickelt worden.

Der damals geführte Briefwechsel, der das Hin und Her bei den Verkaufsverhandlungen ausführlich dokumentiert, befindet sich im Archiv der BStGS und ist in Teilen im Rahmen des Gerichtsverfahrens, das vor dem United States District Court Southern District of New York 2013 verhandelt wurde, von Martin Schawe, dem damals stellvertretenden Generaldirektor der BStGS, vorgelegt worden.[79] Der damals vorgelegte Brief-

79 Declaration of Dr. Martin Schawe im Verfahren Julius H. Schoeps et al. v. Freistaat Bayern, 17. November 2013 [Kopie], Archiv, Moses Mendelssohn Stiftung.

wechsel zeigt, dass seitens der BStGS manches nicht genannt, anderes verschwiegen wurde.

In nur zwei Schreiben wird der Name PvMB als einstiger Besitzer bzw. Eigentümer des Bildes „Madame Soler" erwähnt, allerdings nur beiläufig. In einem Artikel in der „Süddeutschen Zeitung", verfasst von dem mit Max Beckmann befreundeten Kunsthistoriker Erhard Göpel (1906–1966), der nachgewiesenermaßen in der Zeit des Nationalsozialismus am Kunstraub in den von Deutschen besetzten Gebieten beteiligt war und in engerem Kontakt zu Soehner stand, wird der Eindruck vermittelt, dass die Thannhausers, Vater wie Sohn, schon immer Besitzer und Eigentümer des Bildes gewesen seien: „Als die Familie Thannhauser 1933 München ihrer Abstammung wegen verlassen musste, war die Madame Soler mit im Gepäck. Sie wanderte erst nach Paris und dann Ende der dreissiger Jahre nach New York weiter."[80]

Ähnlich war ein anderer Artikel gehalten, der im „Bayern-Kurier" vom 16. Januar 1965 erschien und in dem es hieß: „Das Bild hat eine Odyssee hinter sich, die erzählt zu werden verdient. Vermutlich kam es schon bald nach seiner Entstehung an den Münchener Kunsthändler Thannhauser, der im Jahre 1909 die erste deutsche Picasso-Ausstellung veranstaltete. Es blieb dann im Privatbesitz der Familie Thannhauser, auch als diese 1933 München verlassen mußte und über Paris nach New York emigrierte."

Das Nichtbenennen bzw. das Verschweigen des einstigen Besitzers und Eigentümers war wohl der Grund, weshalb das Bayerische Staatsministerium für Unterricht und Kultus am 13. November 1964 bei Halldor Soehner um Auskunft anfragte, „ob Thannhauser Alleineigentümer der beiden Bilder ist, oder ob er dieses Eigentum mit anderen teilt, oder ob das Eigentum ausschließlich Dritten zusteht und Herr Thannhauser in deren Auftrag verkauft". Der Schreiber dieser Zeilen, der damalige Ministerialbeamte Ernst Schnerr, gab zu bedenken, „bei dem Wert und der Bedeutung der hier in Rede stehenden Bilder, wird man über die Eigentumsverhältnisse erschöpfende Klarheit besitzen müssen".[81]

Besagter Ministerialbeamter Ernst Schnerr, der die Frage aufgeworfen hatte, betonte zwar, dass nicht das „geringste Misstrauen" bestünde, bat aber Soehner, in dieser Angelegenheit sicherheitshalber noch einmal nachzufragen. Thannhauser, der darauf nicht weiter einging, antwortete mit

80 Erhard Göpel, Die Millionendame von Picasso. Im Haus der Kunst zu München ist das Porträt von Senora Soler zu bewundern, in: Süddeutsche Zeitung, 23. Dezember 1964.

81 Regierungsdirektor Dr. Ernst Schnerr an Halldor Soehner, 13. November 1964, Archiv BStGS, München.

einer Art Rechnung an die BStGS, in der ein Betrag von 1 775 000 Schweizer Franken ausgewiesen war, und – ausweichend – dass das Bild „Porträt of Madame Soler" aus den Sammlungen von Thannhauser und von PvMB stamme. Thannhauser ließ jedoch offen, oder sagen wir besser unbeantwortet, wer der eigentliche Eigentümer des Bildes sei und bemerkte nur „Sold on consignment for account of Etablissement ‚Les Beaux Arts', Vaduz".[82]

Die Rolle der Liechtensteiner Stiftung „Etablissement Les Beaux Arts" hat Jonathan Petropoulos in Veröffentlichungen und in verschiedenen Stellungnahmen beschrieben. Nach seiner festen Überzeugung habe diese Stiftung, an die die vereinbarte Kaufsumme gehen sollte, einzig und allein dem Zweck gedient, anfallende US-Steuern im Wohnsitzland Thannhausers, den Vereinigten Staaten, zu vermeiden. Thannhauser also ein Steuerhinterzieher? Und welche Rolle spielte dabei der Freistaat Bayern?

Die in Vaduz ansässige, von Justin K. Thannhauser ins Leben gerufene Stiftung war, wie Jonathan Petropoulos nachgewiesen hat, eine der typischen Briefkastenfirmen, wie es derer in Liechtenstein zu dieser Zeit zahlreiche gab und über welche anrüchige Geschäfte abgewickelt werden konnten. Diese sich anbietende Möglichkeit hat Thannhauser offensichtlich ergriffen, um die Stiftung mit dem Namen „Etablissement Les Beaux Arts" als Geldempfänger in Liechtenstein einzurichten.

Den bayerischen Behörden, in diesem Fall das Bayerische Staatsministerium der Finanzen, ist durchaus nicht entgangen, welchem Zweck die von Thannhauser ins Leben gerufene Stiftung „Etablissement Les Beaux Arts" diente. Einigen Beamten kam das derart bedenklich vor, dass sie sich zu der Äußerung veranlasst sahen, nachzufragen, ob es korrekt sei, den Kaufpreis für das „Madame Soler"-Bild nach Liechtenstein an eine ihnen obskur erscheinende Stiftung zu überweisen. Man einigte sich schließlich dahingehend, Thannhauser auf seinen Namen einen Verrechnungsscheck über die Kaufsumme auszustellen. Er hätte dann ja die Möglichkeit, so Soehner in einem Schreiben an das Finanzministerium, „die Summe an die Adresse zu überweisen, die er schriftlich genannt hat (Les Beaux Arts)".[83]

Spätere Nachfragen der Anwälte der PvMB-Erben in Liechtenstein ergaben, dass die Stiftung keine weiteren Geschäfte getätigt hat und einige Jahre später wieder aus den Registern und Verzeichnissen in Liechtenstein gestrichen worden ist. Der Verdacht, dass Thannhauser die Stiftung seinerzeit nur deshalb gegründet hatte, um anfallende US-Steuern nicht

---

82 Rechnung, 21. Dezember 1964, Archiv BStGS, München.

83 Halldor Soehner an Ministerialdirektor Franz Freudling, Bayer. Staatsministerium d. Finanzen, 15. März 1965, Archiv BStGS, München.

zahlen zu müssen, ist durch diesen Sachverhalt erhärtet worden und kann als ein Beweis dafür angesehen werden, dass Thannhauser versucht hat, die Umstände zu verschleiern, die mit der Provenienz des „Madame Soler"-Bildes zusammenhingen und, dass er – wie gesagt – aus steuerlichen Gründen bemüht war, den Verkauf des Bildes über die Stiftung in Liechtenstein abzuwickeln. Es ist ein Sachverhalt, den die BStGS in ihren Stellungnahmen bisher nicht weiter thematisiert haben.

Die „Provenienz" des angekauften „Madame Soler"-Porträts haben die BStGS zunächst verschwiegen. Den Autoren eines Werkverzeichnisses von Picassos Werken wurde verheimlicht, wer einst der Eigentümer des Porträts gewesen war. In dem Katalog von Pierre Daix und Georges Boudaille ist bei der „Provenienz" von „Madame Soler" die Eigentümerschaft von PvMB weggelassen.[84] Absicht oder nicht? Bis zum Posting auf ihrer Webseite vom 17. Oktober 2011 haben die BStGS zu keinem Zeitpunkt das Eigentumsrecht am Gemälde PvMB zugeordnet oder anderweitig anerkannt, dass PvMB jemals das Gemälde besessen hat.

18. Die Geschäfte des Kunsthändlers, Galeristen und Sammlers Justin K. Thannhauser in der Nazi-Zeit und danach

Dass es mit der Glaubwürdigkeit und Integrität Justin K. Thannhausers (1892–1976) nicht gerade zum Besten bestellt war, wird auch in einem Artikel von Maureen Goggin und Walter V. Robinson, Mitarbeiter des „Boston Globe", angedeutet. Dort werden bereits Fragen bezüglich Thannhausers Verbindungen zu Nazi-Kunsthändlern und zu Nazi-Kollaborateuren aufgeworfen. In dem Artikel, der am 9. November 1997 unter der Überschrift „The Art World Spoils of War" erschien, wird über die „finsteren Geschichten" von Teilen der Sammlung des Fogg Art Museums in Boston, Massachusetts, USA, berichtet.[85]

In dem Artikel wird darauf hingewiesen, dass Thannhauser Geschäftsverbindungen zu NS-Kunsthändlern wie Caesar Mange de Hauke und Hans Wendland unterhielt, die beide mit Raubkunst auf dem Schwarzmarkt gehandelt haben. Von Wendland, zu dem Thannhauser langjährige Kontakte hatte, die bis in die Zeit des Ersten Weltkrieges zurückgingen, wissen wir, dass er während des Zweiten Weltkrieges eine bedeutsame Rolle im illegalen Kunstmarkt in der Schweiz spielte.

84 Siehe Pierre Daix und Georges Boudaille, Picasso: The Blue and Rose Period. A Catalogue Raisonne of the Paintings, 1900–1906, Greenwich 1966, S. 226.

85 Vgl. Maureen Goggin und Walter V. Robinson, Murky Histories Cloud Some Local Art, in: Boston Globe, 9. November 1997.

US-Archivunterlagen in Verbindung mit existierenden Schweizer Regierungsunterlagen, so hieß es in dem besagten „Boston Globe“-Artikel„ würden jedenfalls nahelegen, dass sowohl Thannhauser als auch de Hauke sowie Wendland einiges zu verbergen hätten. Hans Wendland, das ist mittlerweile bekannt, hat während der deutschen Besatzungszeit in Paris zahlreiche beschlagnahmte Kunstwerke in den Schwarzmarkt geschleust.

Fest steht, dass die Netzwerke der Kunsthändler im Dritten Reich und in der Nachkriegszeit durchaus funktionierten. Jonathan Petropoulos, der sich insbesondere mit den Aktivitäten des Kunsthändler Bruno Lohse befasst hat,[86] vertritt den Standpunkt, dass diese Händlergruppe innerhalb einer Reihe von sich überlappenden Netzwerken gearbeitet habe. Ein Primärnetzwerk, so Petropoulos, sei in diesem Zeitraum in München konzentriert gewesen, u. a. mit Händlern wie Bruno Lohse (Görings Kunstvermittler in Paris während des Krieges), Maria Almas Dietrich, Karl Haberstock, Walter Andreas Hofer und Adolf Wüster.

Viele dieser Personen, die an den äußeren Rändern der Netzwerke agierten, seien zwar nicht, wie Petropoulos bemerkt, unmittelbar in das Plünderungsprogramm der Nazis verwickelt gewesen, hätten aber dennoch mit geraubten Kunstwerken gehandelt und Händlernetze gebildet, welche sich bis nach Paris, London und New York erstreckten.[87] Zu diesem Netzwerk hätten u. a. nicht nur der deutsch-jüdische Emigrant Curt Valentin, der über die Galerie Buchholz „entartete Kunst“ veräußerte, sondern auch der Österreicher Otto Nirenstein-Kallir gehört, der die Galerie St. Etienne in New York betrieb und dort Kunst unklarer Herkunft verkaufte.

Inwieweit Justin Thannhauser diesem Händlernetz zuzurechnen ist, darüber kann gegenwärtig nur spekuliert werden. Verdachtsmomente sind vorhanden, allerdings müssten sie weiter konkretisiert werden. Denn sollten die im „Boston Globe“ geäußerten Behauptungen und Annahmen nur halbwegs zutreffen, dann müssten Thannhausers Geschäftsaktivitäten in der Schweiz und später in Frankreich, wo er sich in den Jahren 1936/37 aufhielt, mit einigem Argwohn betrachtet werden.

Dass in manchen Fällen tatsächlich Zweifel an der Glaubwürdigkeit und Integrität von Justin Thannhauser angebracht sind, lassen bestimmte seiner Aktivitäten und Maßnahmen erkennen. An zwei Beispielen, die mit dem Raubkunst- und Restitutionsfall Mendelssohn-Bartholdy zum

86 Jonathan Petropoulos, Göring's man in Paris. The Story of a Nazi Art Plunderer and His World, New Haven and London 2021.

87 Vgl. Jonathan Petropoulos, Art Dealer Networks in the Third Reich and in the Postwar Period, in: Journal of Contemporary History 2016, S. 1–19.

Teil direkt, zum anderen Teil indirekt zu tun haben, kann das belegt werden. In beiden Fällen hatte Thannhauser eine Rolle gespielt, wenn manchmal auch nur am Rande.

Der erste Fall, über den an anderer Stelle schon berichtet wurde, war der Verkauf des Picasso-Bildes „Nackter Knabe mit Pferd" an den Kunstsammler und früheren Vorsitzenden der Radiostation CBS, William Paley. Auch hier fand eine ominöse Geldüberweisung statt, allerdings nicht an eine Liechtenstein'sche oder Schweizer Bank, sondern an eine New Yorker Bank. Der Name des Verkäufers, so Skira, der im Auftrag Thannhausers das Geschäft abwickelte, sollte ungenannt bleiben, ein Umstand, der zu Nachfragen geradezu einlädt.

Wie auch immer man diesen Sachverhalt bewertet, im Fall des Verkaufes des Picasso-Bildes „Nackter Knabe mit Pferd" gibt es gewisse Parallelen zu den Umständen der späteren Veräußerung des „Madame Soler"-Porträts an die BStGS, bei der Thannhauser zunächst nicht als Verkäufer genannt werden wollte, weil er offensichtlich auch in diesem Fall die Besitz- und Eigentumsverhältnisse an diesem Bild aus bestimmten Gründen nicht offenlegen, sondern kaschieren wollte.

Auch der zweite Fall, der ebenfalls mit den BStGS zu tun hatte, wenn auch nicht mittelbar, sondern nur indirekt, ist einigermaßen suspekt. In diesem Fall geht es um das Picasso-Gemälde „Le homard et le chat" (1965), auch „Lobster and Cat" genannt, das heute zur Thannhauser-Sammlung im New Yorker Guggenheim Museum gehört. Thannhauser hat behauptet, dass er das Gemälde, dessen Motiv symbolisch als Anspielung auf seine Person („Lobster") und seine Frau („Cat") verstanden werden könnte, als Geschenk („wedding gift") anlässlich seiner Heirat mit Hilde im Jahre 1965 von Picasso erhalten hat.

Die letztere Behauptung ist unzutreffend und von Picasso höchstpersönlich korrigiert worden. In seinem Thannhauser-Buch zitiert Matthew Drutt aus einem Brief Picassos, in dem dieser ausdrücklich erklärt, er habe das Gemälde Thannhauser nicht geschenkt, sondern diesem als Provision für bestimmte Vermittlungsdienste überlassen, „[...] in appreciation of our old friendship and of his assistance in the acquisition of my painting by the Munich Museum."[88]

Diese Formulierung lässt erkennen, dass Thannhauser eine bisher nicht weiter beachtete Rolle beim Verkauf eines anderen Picasso-Gemäldes an die BStGS gespielt hat. Die von Matthew Drutt ausgesprochene Vermutung ist, dass Thannhauser das Gemälde „Lobster and Cat" nicht

88 Drutt, Thannhauser, S. 24, Fußnote 76.

als Geschenk, sondern anstelle einer Provisionszahlung (Picasso: „[...] to Justin in lieu of a monetary commission") erhalten hat. Vermittlungsdienste, so es sie gegeben hat, könnte, wenn man diesem Umstand weiter nachgeht, Thannhauser 1965 beim Ankauf des Picasso-Bildes „Landschaft bei Mougins II"[89] durch die BStGS geleistet haben.

Zutreffend oder nicht, der Umgang mit Geldgeschäften sowie die Umstände beim Verkauf mancher Bilder wie etwa des „Madame Soler"-Porträts oder der Ankauf des Picasso-Bildes „Landschaft bei Mougins II" durch die BStGS lassen im Rückblick nicht nur die damaligen BStGS-Verantwortlichen, sondern auch Justin K. Thannhauser in einem ausgesprochen schiefen Licht erscheinen.

Dass Thannhauser bei vielen seiner Aktivitäten in Verdacht geriet, nicht immer ganz korrekt gehandelt zu haben, liegt auf der Hand. Dessen ungeachtet verdient er es, ebenso wie sein Vater Heinrich Thannhauser, dass man ihm, und hier ist der Kunsthistorikerin Bogomila Welsh-Ovcharov in ihrem Urteil zuzustimmen, einen Platz im „Pantheon der größten Kunsthändler und -sammler der Moderne"[90] einräumt. Ein Widerspruch ist das nicht. Man kann problematische Geschäfte tätigen, aber gleichzeitig ein Kunsthändler sein, der es verdient, Eingang in die Annalen der Kunstgeschichtsschreibung zu finden.

Vielleicht sollte man rückblickend Thannhausers Geschäftsgebaren, seinen Umgang mit Kommissionsware, aber auch bestimmte Absprachen mit Dritten nicht allzu hoch hängen. Allerdings laden manche seiner Handlungen jedoch geradezu dazu ein, sie sich genauer anzusehen. Dass das nicht ganz einfach ist, hängt zum einen mit dem Verlust des Archivs der Thannhauser Galerien zusammen, mit dem Nichtmehrvorhandensein der schriftlichen Korrespondenzen und der Bestandsverzeichnisse, die von den Nationalsozialisten zuerst in Berlin und später nach dem Einmarsch der Deutschen 1940 in Paris beschlagnahmt wurden.

Eine Rekonstruktion seiner Geschäftsbeziehungen wird dadurch erschwert, dass Thannhauser sich einige Monate vor seinem Tod im Jahre 1976 dazu entschieden hat, seine persönlichen Erinnerungen und Korrespondenzen zu vernichten. Einige Papiere blieben unversehrt im Besitz seiner Witwe Hilde, u. a. sind es verschiedene handgeschriebene Notiz- und Tagebücher, Briefwechsel, Lagerbücher und Kundenkarten,

89 BStGS, Inv. Nr. 13718.

90 Bogomila Welsh-Ovcharov, Vincent van Gogh und die Leidenschaft für die Moderne. Die Kunsthändler Heinrich und Justin K. Thannhauser, in: Anna-Dorothea Ludewig/Julius H. Schoeps/Ines Sonder (Hrsg.), Aufbruch in die Moderne. Sammler, Mäzene und Kunsthändler in Berlin 1880–1933, Köln 2012, S. 66.

die Erkenntnisse, wenn auch nur bruchstückhaft, über die An- und Verkäufe der Galerien Thannhausers in München, Berlin und Luzern vermitteln.[91]

19. Der Standpunkt der Bayerischen Staatsgemäldesammlungen im Fall des „Madame Soler"-Porträts

Auf die Restitutionsforderung der PvMB-Erben vom 12. August 2009, das Picasso-Bild „Madame Soler" herauszugeben bzw. vor die „Beratende Kommission" zu bringen, hat der damalige Generaldirektor der BStGS Klaus Schrenk, wie schon an anderer Stelle erwähnt, mit einer abweisenden Stellungnahme am 17. Oktober 2011 geantwortet. Sie wird, weil sie die Position der BStGS wiedergibt, auf die in der Auseinandersetzung immer wieder Bezug genommen wird, im Folgenden in voller Länge abgedruckt:

Aufgrund der uns vorliegenden Dokumente und auf Grundlage der Recherche lehnten die Bayerischen Staatsgemäldesammlungen 2010 die Restitutionsforderung der Erben nach Mendelssohn-Bartholdy ab, da sie der Ansicht sind, dass es sich nicht um einen verfolgungsbedingten Verkauf handelt.

1964 erwarben die Bayerischen Staatsgemäldesammlungen unter großer öffentlicher Beachtung zwei Bilder für die Neue Staatsgalerie: Pablo Picassos „Madame Soler" von 1903 und Edgar Degas' „Bildnis des Henri Rouart und sein Sohn Alexis" von 1895. Der Ankauf erfolgte bei dem jüdischen Kunsthändler Justin K. Thannhauser (1892–1976) in New York.

Während das Porträt der Madame Soler von Picasso aus der Sammlung des jüdischen Bankiers Paul von Mendelssohn-Bartholdy (1875–1935) stammt, der es zwischen Juli 1934 und August 1935 an Thannhauser verkaufte, war das Werk von Degas bereits seit 1928 im Besitz von Heinrich Thannhauser, der es im gleichen Jahr von Durand-Ruel erworben hatte.

Der Kunstsammler Paul von Mendelssohn-Bartholdy (1875–1935) war bis 1935 einer der zwei Seniorpartner der Privatbank Mendelssohn, die 1938 von der Deutschen Bank arisiert wurde. Er besaß eine bedeutende Sammlung moderner Kunst, zu der einst weitere Bilder von Picasso wie „Junge mit Pferd" (heute Museum of Modern Art, New York) und „Le Moulin de la Galette" (heute Guggenheim Museum, New York) gehörten.

91 Vgl. Eberhard W. Kornfeld, Galerie Thannhauser und Justin K. Thannhauser als Sammler, in: Sammlung Justin Thannhauser (Ausst.-Kat.), Bern 1978, S. 10 ff.

Die Sammlung hatte er im Wesentlichen zusammen mit seiner ersten Frau, der Kunstkennerin Charlotte Reichenheim (1877–1946) aufgebaut. Nach der Scheidung von ihr heiratete Paul von Mendelssohn-Bartholdy 1927 Elsa von Lavergne-Peguilhen (1899–1986), die christlichen Glaubens war und übertrug ihr mit der Eheschließung seinen Kunstbesitz ohne Einschränkungen zur freien Verfügung. Diese Vorgehensweise hatte er bereits in einem Testament von 1910 gewählt, das seine erste Frau Charlotte entsprechend bedachte.

1934 ging das Bild von Picasso als Leihgabe eines Berliner Sammlers nach Buenos Aires. Aus Buenos Aires kehrte der Picasso zwischen Ende 1934 und Anfang 1935 nicht mehr nach Berlin, sondern nach Luzern zurück. In Luzern bestand seit 1919 eine Filiale von Thannhauser, geführt von Siegfried Rosengart (1894–1985).

Mit Datum vom 31.8.1935 wird das Bild in den Lagerbüchern von Thannhauser (Standort ZADIK, Köln) als angekauft gelistet, hier sind Maße, Technik, Literatur und Ausstellungen sowie die Provenienz aus der Sammlung von Paul von Mendelssohn-Bartholdy verzeichnet. In den Notizbüchern von Rosengart (Angela Rosengart, Luzern) sind die Vorverhandlungen ab Juli 1934 dokumentiert und der Ankauf wird wie folgt bestätigt „31.8.1935 gekauft“. Gleichzeitig sind dort vier weitere Werke von Picasso aufgeführt, die ebenfalls aus der Sammlung Mendelssohn-Bartholdy stammen, darunter die oben genannten aus dem MOMA und Guggenheim Museum.

Paul von Mendelssohn-Bartholdy verstarb in der Nacht zum 11. Mai 1935 an den Folgen einer Herzerkrankung. Elsa von Mendelssohn-Bartholdy, zweite Ehefrau und Nichtjüdin, war Vorerbin. Der Kunstbesitz und die Hochzeitsgeschenke waren ihr als Vorausvermächtnis zugewandt worden. Das Gesamtvermögen betrug zum Zeitpunkt der Testamentseröffnung 1,7 Millionen Reichsmark. Die Übertragung des Kunstbesitzes an Elsa wurde 1935 von den Schwestern von Paul von Mendelssohn-Bartholdy anerkannt. Elsa von Kesselstatt, verwitwete von Mendelssohn-Bartholdy, blieb bis 1941 Gesellschafterin der Bank.

1937 trennten sich Siegfried Rosengart und Justin K. Thannhauser. Thannhauser ging nach Paris und war dort bis zur Besetzung durch deutsche Truppen tätig. Die Berliner Galerie Thannhauser führte Paul Roemer seit dem 31.12.1937 allein weiter. Thannhausers Kunst- und sonstiger Besitz in Berlin war bei der Firma Haberling & Co eingelagert und wurde am 16.9.1938 von der Zollfahndungsstelle Berlin eingezogen. Thannhausers Pariser Wohnung mit Hausrat, Kunstgegenständen und Büchern wurde von der „Dienststelle Westen“ im Rahmen der sog. „M-Aktion“ 1940 konfisziert.

Erwähnenswert ist in diesem Zusammenhang, dass in der Pariser Wohnung einerseits Thannhausers Archiv und Buchhaltung, andererseits ca 200 Bilderrahmen durch die Dienststelle Westen beschlagnahmt wurden. Justin K. Thannhauser war es gelungen, einen Teil seiner Gemälde noch rechtzeitig aus Paris herauszubekommen. Die heutige Rahmung des Bildnis der Madame Soler *von Picasso lässt sich in die fünfziger Jahre datieren. Das Holz des Rahmens ist nordamerikanisches Nadelholz. Es existiert ein Foto des Picasso-Bildes von der Amory Show 1913 in New York, hier ist der Rahmen noch eindeutig ein anderer.*

Es kann davon ausgegangen werden, dass Picassos Bildnis der Madame Soler *zu den Werken gehört, die Justin K. Thannhauser vor der Beschlagnahmung in Paris retten und ohne Rahmen nach New York ausführen konnte. In New York hing das Bild in den privaten Wohnräumen von Justin K. Thannhauser.*

Im November 1964 stellte Halldor Soehner, Generaldirektor der Bayerischen Staatsgemäldesammlungen, beim Bayerischen Staatsministerium für Unterricht und Kultus den Antrag auf Neuerwerbung für Picassos „Bildnis der Frau Soler" *und das Gemälde von Degas* „Bildnis des Henri und Alexis Rouart". *Beide Gemälde seien keine Kunstmarkt Bilder sondern stammten aus der berühmten Sammlung Thannhauser in New York, so heißt es im Schreiben im Archiv der Staatsgemäldesammlungen.*

Betont wird die Tatsache, dass Thannhauser bereits in seiner Münchner und Berliner Zeit die Erwerbungen Hugo von Tschudis maßgeblich unterstützt habe und nun trotz seines leidvollen Schicksals bereit sei, sich seiner Heimatstadt zu erinnern und zwei seiner Gemälde den Münchner Staatsgemäldesammlungen zu verkaufen. Der Antrag wurde positiv beschieden und die Erwerbungen wurden unter großer Beachtung der Öffentlichkeit und der Medien in die Staatsgemäldesammlungen eingegliedert.

Madame Soler war die erste Erwerbung eines Werkes von Picasso für die Bayerischen Staatsgemäldesammlungen. Justin Thannhauser, der die BStGS im gleichen Jahr eigenhändig und schriftlich über die Provenienz des Bildes aus der Sammlung von Paul von Mendelssohn-Bartholdy unterrichtet hat, betrat nie wieder deutschen Boden.

Das Bildnis der Madame Soler *von Picasso wird seit 1964 in den Museen der Bayerischen Staatsgemäldesammlungen (bis 2002 Haus der Kunst, bis 2008 Pinakothek der Moderne, 2008–2010 Neue Pinakothek, seit 2010 Pinakothek der Moderne) der Öffentlichkeit präsentiert und ist auf international bedeutenden Ausstellungen als Leihgabe gezeigt worden, zuletzt von Februar bis Mai 2005 im Guggenheim Museum in New York anlässlich der Ausstellung „Cezanne, Aufbruch in die Moderne".*

Seit mindestens 1966 ist die Sammlung Mendelssohn-Bartholdy in Form von Werkprovenienzen benannt (Daix, Boudaille). Die ursprüngliche Sammlung Paul von Mendelsohn-Bartholdy ist seit über vier Jahrzehnten schriftlich dokumentiert.

Elsa von Kesselstatt, geborene von Lavergne-Peguilhen, verwitwete Mendelssohn-Bartholdy verstarb 1986. Zu keinem Zeitpunkt vor 2009 haben die Erben nach Mendelssohn-Bartholdy bzw. Kesselstatt Anspruch auf das Bild erhoben. In diesem Zusammenhang ist darauf hinzuweisen, dass Erben nach Mendelssohn-Bartholdy bzw. Kesselstatt für Immobilien und anderen Besitz Restitutionsforderungen gestellt haben. 2010 haben die Bayerischen Staatsgemäldesammlungen nach umfassender Recherche den Anspruch abgelehnt.

Das Museum of Modern Art und das Guggenheim Museum in New York haben die Restitutionsforderungen der Erben ebenfalls abgelehnt und einen Vergleich geschlossen, um weitere Gerichtskosten zu vermeiden. Sie sind rechtmäßige Eigentümer der Werke und ihre Haltung bestätigt die Ansicht der Bayerischen Staatsgemäldesammlungen, dass der Verkauf im Jahre 1935 nicht unter ökonomischen Druck erfolgte. Siehe hierzu www.guggenheim.org/new-york/collections/about-the-collection/provenance-research/key-findings-of-the-provenance-research-regarding-le-moulin-de-la-galette

Die Bayerischen Staatsgemäldesammlungen haben aufgrund der „Gemeinsamen Erklärung“ bis heute 8 Werke aus ehemals jüdischen Sammlungen restituiert und verfügen über ein eigenes Referat für Provenienzforschung. An dieses sind weitere drittmittelgeförderte Projekte zur Erforschung der Geschichte jüdischer Kunsthändler und -sammler angebunden.

Prof. Dr. Klaus Schrenk
Generaldirektor der Bayerischen Staatsgemäldesammlungen

Für den US-amerikanischen Rechtsanwalt William Lerner, einen ausgewiesenen Raubkunst-Experten, der sich mit dem Fall des Picasso-Porträts „Madame Soler" näher befasst hat, ist die Behauptung des seinerzeitigen Generaldirektors, es habe sich bei dem „Madame Soler"-Porträt „nicht um einen verfolgungsbedingten Verkauf" gehandelt, eine Feststellung, die er aus verschiedenen Gründen nicht für zutreffend hält. Einmal sage sie nichts darüber aus, wie die tatsächlichen Eigentumsverhältnisse waren, zum anderen lasse sie die eigentliche Frage offen, wie das Bild in den Besitz Thannhausers gekommen sei.

Das „Madame Soler"-Bild sei, folgt man der Sicht William Lerners, zu keinem Zeitpunkt von Thannhauser gekauft worden und daher nie sein Eigentum gewesen. Der Verdacht des unrechtmäßigen Erwerbs liege deshalb auf der Hand. „The legal reality", so Lerner in verschiedenen Telefongesprächen, die der Verfasser mit ihm führte, „is that Madame Soler along with four other works by Picasso was stolen by Justin K. Thannhauser and brought to New York where the law is clear that ‚a thief' can never transfer title to another".

Ob Thannhauser das Bild nun rechtmäßig gekauft oder ob er sich widerrechtlich in den Besitz der Picasso-Bilder gesetzt hat, sei dahingestellt. William Lerner verweist in diesem Zusammenhang auf einen Aufsatz der Juristin Jennifer A. Kreder aus dem Jahre 2009, in dem diese ihre Zweifel zum Ausdruck bringt, dass Thannhauser die Picasso-Bilder von PvMB zu irgendeinem Zeitpunkt gekauft hat und bemerkt, dass Thannhauser, wenn er nach der Provenienz des Bildes gefragt wurde, sich in der Regel „vage" und „unspezifisch" geäußert habe.

Beim Verkauf des „Madame Soler"-Bildes 1964 an die BStGS habe Thannhauser, so Kreder, jedenfalls keine Daten genannt, die Aufschluss darüber geben würden, zu welchem Zeitpunkt er das Bild angekauft bzw. erworben habe. Ähnlich vage und ausweichend hätte er sich geäußert, als er dem Guggenheim Museum das Picasso-Gemälde „Le Moulin de la Galette" zum Geschenk machte. Von PvMB, so habe Thannhauser damals erklärt, hätte er das Bild „ca. [around] 1935" käuflich erworben.[92]

Schreiben, die von dritter Seite an die Bayerische Staatsregierung gerichtet wurden und sich dafür einsetzten, den Fall vor die „Beratende Kommission" zu bringen, erhielten ausweichende Antworten. Vielfach

---

92 Vgl. Jennifer A. Kreder, The New Battleground of Museum Ethics and Holocaust Era Claims: Technicalities Trumping Justice or Responsible Stewardship for the Public Trust?, in: Oregon Law Review, Bd. 88, Nr. 1, 2009, S. 37–94.

gab es nicht einmal Begründungen, allenfalls Auskünfte wie die, dass nach „unseren Erkenntnissen“ es sich bei dem „Madame Soler“-Gemälde nicht um einen NS-verfolgungsbedingt entzogenes Bild handele. In der Regel stützten sich diese Auskünfte auf die „Stellungnahme“ des Generaldirektors und seiner Zuarbeiter, die bei Anfragen von der Pressestelle der BStGS verbreitet wird.

Als Jaroslav Šonka, der damalige Direktor des „European Shoah Legacy Institute“ in Prag, am 23. November 2011 den damaligen bayerischen Ministerpräsidenten Horst Seehofer bat, sich der Angelegenheit anzunehmen, zumal diese beginne, „international Wellen zu schlagen“, hat der damalige Ministerpräsident Seehofer nicht persönlich geantwortet, sondern hat das den zuständigen Staatsminister für Wissenschaft und Kunst, Wolfgang Heubisch, tun lassen. Der Tenor des Schreibens war ablehnend. Das Bild, erklärte Heubisch, sei von PvMBs Witwe an Thannhauser verkauft worden – ohne dafür allerdings einen Beleg zu nennen.

Auf die wiederholten Bitten der PvMB-Erben und ihrer Anwälte, den Fall vor die „Beratende Kommission“ zu bringen, um die strittigen Sachverhalte von unabhängiger Seite zu klären, äußerte sich StM Heubisch dahingehend, dass die „Beratende Kommission“ nicht die Aufgabe habe, in Restitutionsstreitigkeiten zu entscheiden. Ihre Aufgabe sei, so StM Heubisch, die Übernahme einer Mediatorenrolle zwischen den Trägern der Sammlungen und den ehemaligen Eigentümern und die Abgabe von Empfehlungen.

Die Anrufung der Kommission sei, so StM Heubisch, daher nur dann sinnvoll, wenn „die Bewertung eines uneindeutigen Sachverhaltes Schwierigkeiten aufweist, die von den Beteiligten alleine nicht gelöst werden können, oder wenn zwar der Sachverhalt klar ist, jedoch eine faire und gerechte Lösung nicht gefunden werden kann.“ Und dann folgt der alles besagende Satz: „Der vorliegende Sachverhalt ist jedoch hinreichend aufgeklärt und eindeutig zu bewerten.“[93]

Nicht viel anders äußerte sich einige Jahre später der Nachfolger von Heubisch, StM Bernd Sibler, der den BGH-Anwälten am 14. Oktober 2020 über eine Referentin in seinem Ministerium mitteilen ließ, dass der Freistaat Bayern an seiner Auffassung festhalte, „dass es sich bei dem Gemälde ‚Madame Soler‘ nicht um NS-verfolgungsbedingt entzogenes Kulturgut handelt“. Es folgte die abschließende und die PvMB-Erben im Ton geradezu irritierende Bemerkung: „Eine Verhandlung des Falls vor der

93 StM Wolfgang Heubisch an Jaroslav Šonka, 23. November 2011 [Kopie], Archiv, Moses Mendelssohn Stiftung.

Beratenden Kommission ist daher aus hiesiger Sicht nicht angezeigt, das Verfahren vor der Kommission nicht eröffnet."[94]

Ein erstes Umdenken, wie mit den Ansprüchen von Opfer-Erben umgegangen werden sollte, scheint sich immerhin in Bayern in letzter Zeit anzubahnen. Im Fall des Gemäldes „Das Zitronenscheibchen" von Jacob Ochtervelt, das zum Bestand der BStGS gehörte und für das die „Beratende Kommission" die Herausgabe an die Erben empfohlen hatte, fand der Bayerische Landtag eine Möglichkeit, die Herausgabe an die Erben „rechtssicher" zu vollziehen. StM Sibler gab in diesem Fall zu Protokoll: „Der Freistaat Bayern unterstützt und respektiert die Entscheidung der Beratenden Kommission. Wir werden nun auf die Erben zugehen und die Restitution in die Wege leiten. Damit wollen wir zur Wiedergutmachung von NS-Verbrechen beitragen und ein Stück Gerechtigkeit für die Opfer herstellen."[95]

Das scheint Bernhard Maaz, seit 2015 amtierender Generaldirektor der BStGS, jedoch anders zu sehen. In einer Stellungnahme im „Deutschlandfunk" im Januar 2019 hat er sich zwar im Prinzip für die „einseitige Anrufung" der „Beratenden Kommission" ausgesprochen, nicht jedoch im Fall des Picasso-Bildes „Madame Soler". Es seien bei diesem Bild, wie er bemerkte, zugegebenermaßen „besonders komplizierte Umstände" zu berücksichtigen, aber es sei schon so „viel Zeit, Kraft und Geld" in diese Angelegenheit investiert worden, so dass kein Grund bestehe, darüber weiter zu verhandeln. O-Ton Bernhard Maaz: „Damit ist die Chance eigentlich im Moment nicht gegeben damit zur ‚Beratenden Kommission' zu gehen."[96]

20. Die Klage gegen den Freistaat Bayern in den Vereinigten Staaten

Eingangs wurde schon erwähnt, dass die PvMB-Erben mit ihrer Klage vor US-amerikanischen Gerichten gescheitert sind, da ihre Zuständigkeit verneint wurde. Es war zwar keine Entscheidung in der Sache selbst, die die Gerichte weniger interessierte und die auch in den Verhandlungen nicht zur Debatte stand, aber fälschlicherweise den Eindruck hervorgerufen hat, die Gerichte hätten die Klage in der Sache abgewiesen. Das hat die BStGS in ihren Verlautbarungen jedenfalls nicht abgehalten, den Eindruck zu erwecken, die US-Gerichte hätten den Fall in der Sache abgewiesen.

94 Bayerisches Staatsministerium für Wissenschaft und Kunst an Rechtsanwalt John Byrne, 14. Oktober 2020 [Kopie], Archiv, Moses Mendelssohn Stiftung.

95 Pressemitteilung der Bayerischen Staatsregierung vom 26. März 2021.

96 Bernhard Maaz im Gespräch mit Michael Köhler, Deutschlandfunk, 18. Januar 2019.

Aus diesem Grund soll deshalb auf die mehr als 100 Seiten umfassende, auf ein Feststellungsurteil abzielende Klageschrift näher eingegangen werden, mit der die PvMB-Erben (in diesem Fall waren es die schwedischen und die US-amerikanischen Mitglieder der Erbengemeinschaft) und ihre Anwälte bemüht waren, in den Vereinigten Staaten in der eingereichten Klage die aus ihrer Sicht tatsächlichen Sachverhalte vorzustellen.[97]

Eingegangen wird in dem Schriftsatz nicht nur auf die „Washingtoner Konferenz“ von 1998 und die nachfolgenden Verlautbarungen der Bundesrepublik Deutschland („Gemeinsame Erklärung“, „Handreichung“), in denen vereinbart worden war, dass Restitutionsansprüche im Sinne einer „fairen und gerechten Lösung“ geregelt werden sollten. Behandelt wird auch die für die PvMB-Erben unverständliche Weigerung der BStGS und des Freistaates Bayern, den Fall „Madame Soler“ vor die „Beratende Kommission“ zu bringen, um den Sachverhalt dort einvernehmlich beraten und klären zu lassen.

Besonders wird in dem Schriftsatz auf die wiederholt abgegebenen Bekenntnisse verwiesen, in denen seitens der BStGS die „moralische Pflicht“ anerkannt wurde, ungerechtfertigt von Holocaust-Opfern konfiszierte oder unter Druck („under duress“) abgegebene Kunstwerke zu restituieren und nach „fairen und gerechten Lösungen“ zu suchen. Es gäbe, so hieß es in der Klageschrift, durchaus Restitutionen von „NS-verfolgungsbedingt entzogenen“ Kunstwerken, welche die BStGS seit 2000 vorgenommen hätten.

Ein Fall, so wurde in der Klageschrift ausgeführt, steche dabei besonders hervor. Im Jahre 2004 hätten die BStGS das Gemälde „Dämmerung am Gardasee“ von Hans Thoma an die Erben eines NS-Verfolgungsopfers herausgegeben, der dieses im Zuge von erzwungenen Veräußerungen seiner Kunstsammlung 1934 und 1935 und unter Umständen verloren hatte, die ähnlich jenen waren, unter denen PvMB seine Picasso-Bilder abgeben musste.

Der Unterschied zu dem Fall des Thoma-Gemäldes „Dämmerung am Gardasee“ liege allerdings im Marktwert des herausgegebenen Bildes. Das „Madame Soler“-Porträt habe einen Taxwert von etlichen Millionen US-Dollar, während das herausgegebene Gemälde von Hans Thoma weit weniger wert sei, was es, wie die BGH-Anwälte monierten, den BStGS leichtgemacht habe, sich von diesem Bild und anderen Kunstwerken in ihren Beständen, die unter Raubkunstverdacht standen, zu trennen.

97 Klage vorgelegt von Byrne, Goldenberg & Hamilton, New York, 4. Juni 2013 [Kopie], Archiv, Moses Mendelssohn Stiftung.

Die Erwartung der PvMB-Erben an die BStGS, und damit an den Freistaat Bayern, ginge dahin, dass sie sich an die Erklärungen halten sollten, die sie einst selbst begrüßt hatten. Der Freistaat Bayern hätte nicht nur der „Gemeinsamen Erklärung" und der „Handreichung" zugestimmt, sondern die BStGS seien auch Mitglied des Internationalen Museumsrats (ICOM) und hätten 2006 einen Kodex mitunterzeichnet, der ein ganzes Bündel von ethischen Richtlinien enthalte, welche die BStGS verpflichteten, ehrlich und fair mit ihren Sammlungen umzugehen. So hätten sie zudem zugestimmt, sicherzustellen, dass sie sichere Rechtstitel besitzen, und zwar an allen Objekten, die sie in ihren Sammlungen für den Freistaat Bayern und die deutsche Öffentlichkeit treuhänderisch verwahren.

Auf Grundlage dieser Verpflichtungen sowie mit Bezug auf den Beschluss des US-Bundesbezirksgerichtes für den Südlichen Bezirk von New York (Schoeps v. Museum of Modern Art, 594 F. Supp.2d 461) hätten die PvMB-Erben am 12. August 2009 den Antrag auf Restitution des Picasso-Porträts „Madame Soler" gestellt. Zur Untermauerung ihres Anspruchs hätten die PvMB-Erben die gleichen Beweismittel den BStGS vorgelegt, wie sie dem New Yorker Gericht vorgelegt worden waren. Auf Grundlage dieser Beweismittel, die zur Zurückweisung der vom MoMA und dem Guggenheim Museum gegen die PvMB-Erben eingereichten Klage führten, wurde ein für die PvMB-Erben positiver Gerichtsentscheid gefällt.

Unverständlich sei es, dass die BStGS im Wissen um diesen Sachverhalt es ablehnen, die Herausgabe der „Madame Soler" an die PvMB-Erben in Betracht zu ziehen bzw. den Fall vor einem unabhängigen Gremium wie der „Beratenden Kommission" prüfen zu lassen. In der in den Vereinigten Staaten eingereichten Klageschrift werden noch einmal ausführlich die Umstände geschildert, die PvMB ökonomisch in Schwierigkeiten hatten geraten lassen und die ihn bestimmten, sich von einem Viertel seiner Bildersammlung zu trennen. Es ist ein Sachverhalt, der von den BStGS und ihren Sprechern vehement bestritten wird.

In der Klage wird darauf verwiesen, dass dem nicht so gewesen sein kann. Der Kunsthändler Justin K. Thannhauser hätte durchaus gewusst, so heißt es in einem der neun Klagepunkte, dass PvMB unter erheblichem ökonomischem Druck gestanden habe, als er von diesem die fünf Picasso-Bilder, darunter das „Madame Soler"-Porträt, entgegengenommen habe. Allein schon deshalb, und unter Berücksichtigung der damaligen historischen Begleitumstände, könne die Behauptung der BStGS nicht akzeptiert werden, PvMB hätte nicht unter ökonomischem Druck gestanden, als er sich entschloss, fünf Picasso-Bilder an Thannhauser zu übergeben, damit dieser Käufer für sie finde.

Zur Unterstützung ihres Anliegens verweisen die PvMB-Erben in besagter Klageschrift auf einen anderen spektakulären Restitutionsfall, bei dem die „Beratende Kommission“ im April 2013 eine Stellungnahme mit der „Empfehlung“ beschlossen hatte, die Stadt Köln solle Oskar Kokoschkas Gemälde „Porträt der Tilla Durieux“ (1910) an die Erben des Kunsthändlers Alfred Flechtheim herausgeben. Dieser Fall, so die PvMB-Erben, ähnele auf eine frappant ähnliche Weise den Umständen, unter denen PvMB seinerzeit das „Madame Soler“-Porträt und die vier anderen Picasso-Bilder an Thannhauser abgegeben hat.

Wie PvMB habe auch Alfred Flechtheim ökonomisch massiv unter Druck gestanden, so dass er sich gezwungen sah, sich von dem Tilla Durieux-Porträt und anderen Bildern zu trennen – und das wohlgemerkt nicht erst nach 1935 und nach der Verabschiedung der NS-Rassengesetze, sondern bereits im Jahre 1933. Hinzu käme, dass auch in diesem Fall keine Aufzeichnungen vorliegen würden, die Aufschluss darüber zuließen, ob das Tilla Durieux-Porträt verkauft worden sei und ob irgendwelche Gelder geflossen seien.

Der Umstand des Geldflusses sei nicht mit letzter Bestimmtheit zu klären gewesen. Die Stadt Köln habe sich deshalb an die „Empfehlung“ der „Beratenden Kommission“ gehalten und das Kokoschka-Bild an die Flechtheim-Erben herausgegeben. Im Fall Flechtheim, heißt es in der Erklärung, könne davon ausgegangen werden, dass er als Verfolgter des NS-Regimes gezwungen gewesen sei, das Kunstwerk abzugeben. Der Fall zeige, dass in bestimmten Fällen der Empfehlung der „Beratenden Kommission“ durchaus gefolgt werde.

Von Bedeutung für die PvMB-Erben ist noch ein anderer Fall, der ebenfalls mit Alfred Flechtheim zu tun hat. Seine Erben verklagten ebenfalls vor einem US-amerikanischen Gericht 2016 die BStGS und den Freistaat Bayern. Auch sie forderten die Herausgabe von Bildern von den BStGS – in diesem Fall sechs Gemälde des Malers Max Beckmann und je ein Bild von Juan Gris und von Paul Klee. In dem Schriftsatz, der beim United States District Court in Manhattan eingereicht wurde, argumentieren die Anwälte der Flechtheim-Erben, Flechtheim hätte diese acht Werke im Zusammenhang mit seiner Verfolgung durch die Nationalsozialisten und durch die „Arisierung“ und Auflösung seiner Galerien verloren.

Es verwundert nicht, dass auch in diesem Fall die BStGS von einem „rechtmäßigen“ Erwerb der Bilder ausgehen. Allerdings haben sie für diese Behauptung, wie das auch bereits im Fall des Picasso-Porträts „Madame Soler“ war, keine Belege vorlegen können. Die Klage, die die Flechtheim-Erben in New York einreichten, wurde wie die Klage der PvMB-Erben ebenfalls abgewiesen. Das Gericht erklärte auch in diesem Fall auf Grund der Staatenimmunität die fehlende Zuständigkeit US-amerikanischer Gerichte. Eine Tatsachenfeststellung, wie von den Anwälten der Flechtheim-Erben gefordert, wurde auch hier, wie im Fall der von den PvMB-Erben eingereichten Klage, nicht vorgenommen.

21. Wie bewerten die PvMB-Erben das Verhalten der BStGS und des Freistaates Bayern im Fall des Picasso-Porträts „Madame Soler“?

Die PvMB-Erbengemeinschaft, die erst einige Jahre später von der Existenz der auf den 17. Oktober 2011 datierten „Stellungnahme“ des Generaldirektors erfuhr, antwortete, wenn auch verspätet, mit einer aus ihrer Sicht notwendigen Richtigstellung, die auf der Webseite der Moses Mendelssohn Stiftung veröffentlicht wurde. Die „Antwort“ der Erbengemeinschaft, die das Datum vom 17. Oktober 2019 trägt, wird im Folgenden ebenfalls in voller Länge zum Abdruck gebracht:

Der Generaldirektor Klaus Schrenk hat in seiner in der Lost Art-Datenbank veröffentlichten Stellungnahme erklärt, dass das Picasso-Gemälde „Madame Soler“ 1964 durch „Kauf“ vom „jüdischen Kunsthändler Justin K. Thannhauser (1892–1976) in New York“ 1964 durch die Bayerischen Staatsgemäldesammlungen rechtmäßig erworben wurde. Diese Feststellung, so die Ansicht der Erbengemeinschaft Mendelssohn-Bartholdy, ist nur bedingt zutreffend. Der Ankauf seitens der Bayerischen Gemäldesammlungen 1964 ist zwar erfolgt, aber in der Stellungnahme wird suggeriert, dass das Bild Eigentum von Justin K. Thannhauser gewesen sei.

Letzteres war nicht der Fall, denn es liegen weder Quittungen noch sonst irgendwelche Belege vor, die einen Ankauf von Thannhauser bestätigen könnten. Das Picasso-Gemälde „Madame Soler“ war Anfang der 1960er Jahre zwar in Thannhausers Besitz, aber das Bild war nicht sein Eigentum, weder als er es 1933/1934 von Paul von Mendelssohn-Bartholdy (PvMB) in Kommission nahm, noch als er es im Zuge seiner Emigration in die Vereinigten Staaten nach New York brachte – und auch nicht, als er es im November 1964 der Pinakothek überließ und das Bild nach München gebracht wurde.

Den letzteren Sachverhalt hat auch die US-Rechtsprofessorin Jennifer A. Kreder in einem Aufsatz (Vgl. The New Battleground of Museum Ethics and Holocaust Era Claims: Technicalities Trumping Justice or Responsible Stewardship for the Public Trust?, in: Oregon Law Review, Bd. 88, Nr. 1, 2009, S. 36 ff.) bestätigt. In dem Aufsatz, der verschiedene Rechtsstreitigkeiten behandelt, verweist Kreder darauf, dass die Picasso-Gemälde weder von

Thannhauser rechtmäßig gekauft noch zu irgendeinem Zeitpunkt dessen Eigentum waren.

Für Irritationen sorgt die Feststellung des ehemaligen Generaldirektors der Bayerischen Staatsgemäldesammlungen, in der es u.a. heißt: „Das Museum of Modern Art und das Guggenheim Museum in New York haben die Restitutionsforderungen der Erben ebenfalls abgelehnt und einen Vergleich geschlossen, um weitere Gerichtskosten zu vermeiden. Sie sind rechtmäßige Eigentümer der Werke und ihre Haltung bestätigt die Ansicht der Bayerischen Staatsgemäldesammlungen, dass der Verkauf im Jahre 1935 nicht unter ökonomischen Druck erfolgte.“

Diese Darstellung der Bayerischen Staatsgemäldesammlungen, vor allem die Behauptung, die New Yorker Museen hätten die Restitutionsforderungen der Mendelssohn-Bartholdy-Erben abgelehnt und PvMB habe die Picasso-Gemälde („Le Moulin de la Galette“, 1900 und „Boy Leading a Horse“, 1906) nicht unter Druck („under duress“) abgegeben, verzeichnet die tatsächlichen Sachverhalte und die Umstände des Konfliktes mit den New Yorker Museen und dessen Beilegung. Aus der Sicht der Erbengemeinschaft ist hierzu Folgendes festzustellen:

Im Januar 2009 hat ein Bundesgericht in NY eine gemeinsam vom MoMA und dem Guggenheim Museum eingereichte Klage gegen die Mendelssohn-Bartholdy-Erben abgewiesen. In seiner Entscheidung erklärte der zuständige Richter „[...] the Claimants [Schoeps et al.] have adduced competent evidence sufficient elements of their claims, viewing the evidence most favourable to them“. Und an anderer Stelle des damaligen Gerichtsentscheides heißt es: [The Mendelssohn heirs have] adduced competent evidence that Paul [von Mendelssohn-Bartholdy] never intended to transfer any of his paintings and that he was forced to transfer them only because of threats and economic pressures by the Nazi government“ [Schoeps vs. MoMA, 594 D. Supp. 2 d 461 (S.D.N.Y.)]

Auf Grund des Gerichtsbescheides konnte der Konflikt zwischen den New Yorker Museen und der Erbengemeinschaft in beiderseitigem Einvernehmen gelöst und ein Vergleich herbeigeführt werden: Das MoMA und das Guggenheim Museum zahlten eine nicht öffentlich gemachte Summe an die Erbengemeinschaft, die sich im Gegenzug zum Verzicht auf alle weiteren Ansprüche gegenüber den beiden Museen verpflichtete. Über die Höhe der Entschädigungssumme an die Mendelssohn-Bartholdy-Erben wurde, wie das in solchen Fällen üblich ist, Stillschweigen vereinbart.

Soviel kann aber gesagt werden: Die Summe, die die Museen an die Erbengemeinschaft auszahlten, lag unter dem Wert, den die Werke auf dem Kunstmarkt heute hätten erzielen können, aber weit über den Marktwerten der Jahre 1933 und 1934, als Paul von Mendelssohn-Bartholdy die Picasso-Werke Thannhauser in Kommission gab. Dass das MoMA und das Guggenheim Museum heute erklären, sie hätten einen „Vergleich zur Vermeidung weiterer Gerichtskosten" abgeschlossen, dient der Ablenkung und ist eine Verdrehung der tatsächlichen Sachverhalte.

In diesem Zusammenhang wird darauf verwiesen, dass die Sir Andrew Lloyd Webber Art Foundation („Foundation") im Jahr 2006 das aus der Blauen Periode stammende Picasso Gemälde „The Absinthe Drinker, 1903", das ebenfalls aus der Sammlung von PvMB stammt, aus einer Auktion zurückgezogen hat. In dem mit der „Foundation" nach Klage und Gegenklage schließlich geschlossenen Vergleich, wurde seitens der Mendelssohn-Bartoldy-Erben auf eine Restitution des Picasso-Gemäldes verzichtet. Die Streitparteien zeigten sich „zufrieden mit dem erzielten Ergebnis", so eine „Verlautbarung" der „Foundation".

Die Erbengemeinschaft Mendelssohn-Bartholdy hat die Pinakothek mehrfach aufgefordert, zusammen mit ihr vor die Limbach-Kommission zu gehen, um eine Klärung der streitigen Fakten und Umstände, das Picasso-Gemälde „Madame Soler" betreffend, herbeizuführen. Die Pinakothek hat das bisher zum großen Bedauern der Erbengemeinschaft abgelehnt. Die Mendelssohn-Bartholdy Erben sind jedoch nach wie vor bereit, vor der Limbach-Kommission zu erscheinen und ihre Sicht der damaligen Abläufe vorzustellen und eine „gerechte und faire Lösung" in dieser Angelegenheit herbeizuführen – so wie sie für solche und ähnliche Fälle vor 20 Jahren in der Washingtoner Erklärung von 1998 vereinbart worden ist.

Zum Schluss seien auch noch kurz die Forschungsergebnisse der renommierten kanadischen Kunsthistorikerin Professor Emerita Bogomila Welsh-Ovcharov erwähnt, die in einem Aufsatz (Vgl. The fifth Generation of the Mendelssohn Family as Art Collectors, Mendelssohn-Studien, Sonderband 3/2015, S. 293–317) nicht nur die Kunstsammlung von PvMB würdigte, sondern ausdrücklich auch darauf hingewiesen hat, dass die vier Picasso-Gemälde und das Pastell „Blue Woman's Head", 1903 nicht an Justin K. Thannhauser 1933/1934 verkauft, sondern an diesen seiner Zeit in Kommission gegeben wurden.

Professor Dr. Julius H. Schoeps
Moses Mendelssohn Stiftung

Die beiden Schreiben, die „Stellungnahme“ des Generaldirektors der BStGS und die „Antwort“ des Sprechers der PvMB-Erben, sind Schlüsseldokumente, die verdeutlichen, dass der „Ankauf“ des Picasso-Bildes „Madame Soler“ durch Justin K. Thannhauser bzw. dessen weiterer Verkauf an die BStGS von den Konfliktparteien unterschiedlich gesehen und bewertet werden.

In wesentlichen Fragen besteht, was die „Stellungnahme“ und die darauf gegebene „Antwort“ deutlich erkennen lassen, zwischen den BStGS und den PvMB-Erben keine Übereinstimmung. Im Folgenden werden deshalb die kontroversen Sichtweisen im Streitfall „Madame Soler“ noch einmal in 20 Punkten zusammengefasst und die unterschiedlichen Auffassungen in gebotener Kürze skizziert:

1. Die wiederholt geäußerte Behauptung der BStGS, dass die PvMB-Erben sich vor 2009 nicht um eine Herausgabe des „Madame Soler“-Bildes bemüht haben, ist zutreffend, was damit zusammenhängt, dass die PvMB-Erben durch die Verfolgung in der NS-Zeit in aller Welt – in Deutschland, Schweden, Frankreich und den Vereinigten Staaten – verstreut lebten und leben.

2. Einzelnen PvMB-Erben war vielleicht bekannt, dass PvMB kunstaffin war, aber von der Existenz der PvMB-Kunstsammlung erfuhren sie erst 2004, als sie darüber durch die Kunsthistorikerin und van Gogh-Spezialistin Bogomila Welsh-Ovcharov informiert wurden.

3. Selbst wenn die PvMB-Erben es zuvor gewusst hätten, dass eine solche Sammlung existiert hat, wäre ein Restitutionsantrag erst nach der Verabschiedung der „Washingtoner Erklärung“ von 1998 möglich gewesen.

4. Die PvMB-Erben haben sich nach der Vereinigung der beiden deutschen Staaten zunächst nicht um die Restitution NS-verfolgungsbedingt abhandengekommener Kunstgüter gekümmert, sondern sich um die Rückgabe des einst der Familie gehörenden Immobilienbesitzes bemüht.

5. Im Falle des Rittergutes Börnicke scheiterten die PvMB-Erben jedoch vor deutschen Gerichten, die ihre Ansprüche mit Begründungen zurückwiesen, die der Verfasser als „dritte Enteignung“ bezeichnet hat – erst sei die Enteignung der Mendelssohn-Bank durch die Nationalsozialisten erfolgt, dann die Enteignung Börnickes durch die DDR-Kommunisten und schließlich nach der Vereinigung der beiden deutschen Staaten sei die Familie Mendelssohn-Bartholdy durch ein bundesdeutsches Gericht zum dritten Mal enteignet worden.[98]

98 Vgl. Julius H. Schoeps, Mein Weg als deutscher Jude. Autobiographische Notizen, Zürich 2003, S. 263 ff.

6. Den PvMB-Erben gelang es bei drei von den fünf strittigen Picasso-Bildern, mit dem Guggenheim und dem MoMA und mit der Andrew Lloyd Webber Foundation einen Vergleich herbeizuführen. Ein viertes Bild aus dem Konvolut wurde 2020 von der National Gallery in Washington an die PvMB-Erben restituiert.

7. Die BStGS bestreiten, dass PvMB wegen seiner jüdischen Herkunft verfolgt wurde und in den Jahren 1933 bis 1935 unter massivem „ökonomischen Druck" gestanden habe. Nach „umfassender Recherche", so der einstige Generaldirektor Klaus Schrenk, seien die BStGS zu der Überzeugung gelangt, dass es sich im Fall des „Madame Soler"-Porträts nicht um einen „verfolgungsbedingten Verkauf" gehandelt habe.

8. Dem widersprechen die PvMB-Erben und ihre Anwälte auf das Entschiedenste und verweisen darauf, dass PvMB unmittelbar nach der NS-Machtergreifung heftigem „ökonomischen Druck" seitens des NS-Regimes ausgesetzt war. Als Beleg führen sie nicht nur Untersuchungen der Historiker an,[99] sondern verweisen auch auf die Dokumente, die von den Anwälten den BStGS in verschiedenen Schreiben und Memoranden zur Kenntnis gebracht worden sind.

9. Die PvMB-Erben bestreiten nicht, dass Justin K. Thannhauser seiner jüdischen Herkunft wegen von den Nationalsozialisten verfolgt worden ist. Auch nicht, dass sein Besitz am 16. September 1938 von den NS-Behörden eingezogen wurde. Das darf aber nicht dazu führen, dass bestimmte Sachverhalte und Fakten, die mit dem „Madame Soler"-Fall zu tun haben, ausgeblendet werden.

10. Unterschiedliche Auffassungen zwischen den BStGS und den PvMB-Erben bestehen in der Deutung des Erbvertrages vom 8. Februar 1935, in dem PvMB seine zweite Ehefrau Elsa zur „befreiten Vorerbin" eingesetzt hatte. Die BStGS nehmen die Formulierungen in diesem Erbvertrag wortwörtlich und gehen davon aus, dass dieser Vertrag ein eindeutiger und nicht zu widerlegender Beleg dafür ist, dass PvMB seiner Ehefrau die ihm gehörende Bildersammlung bereits bei der Hochzeit 1927 in Gänze vermacht hat.

11. Die PvMB-Erben sehen in diesem „Erbvertrag" dagegen eine für die Zeit typische Schutzmaßnahme und sind der Ansicht, dass es sich bei diesem „Erbvertrag" um ein sogenanntes Verfolgtentestament gehandelt habe. Demnach hat PvMB seine „arische" Ehefrau als „befreite Vorerbin" aus dem Grunde eingesetzt, um den Familienbesitz dem drohenden Zugriff der Nazis zu entziehen.

---

99 Vgl. Schoeps, Düstere Vorahnungen, S. 91 ff., 153 ff. und 361 ff.

12. Nicht geklärt ist bis heute, ob das „Madame Soler“-Porträt angekauft oder ob Thannhauser dieses Bild und vier weitere Picasso-Bilder von PvMB in Kommission gegeben wurden, um für sie Käufer auf dem Kunstmarkt außerhalb Hitler-Deutschlands zu finden.

13. Die BStGS vertreten die Ansicht, dass Thannhauser die Werke zwischen Juli 1934 und August 1935 käuflich erworben habe und verweisen auf den Eintrag im Lagerbuch von Thannhausers Galerie, der das Datum 31. August 1935 trägt, das Datum, an dem der Ankauf durch Thannhauser stattgefunden haben soll. Dessen ungeachtet, dass PvMB zu diesem Zeitpunkt nicht mehr lebte, haben die BStGS für den behaupteten Ankauf keine weiteren stichhaltigen Belege vorlegen können.

14. Bereits beim sogenannten Ankauf des „Madame Soler“-Porträts durch die BStGS wurde seitens des bayerischen Finanzministeriums die Bitte geäußert, der Verkäufer möge doch, um Probleme zu vermeiden, Auskünfte über die Provenienz des Bildes geben. Letzteres ist nicht erfolgt.

15. Fest steht, dass der Freistaat Bayern sich beim Ankauf des Bildes von Justin K. Thannhauser nicht ganz korrekt verhalten hat. Der Verdacht steht im Raum, dass bei der Begleichung der vereinbarten Kaufsumme nicht alles mit rechten Dingen zugegangen ist. Richter Jed S. Rakoff stellte denn auch am 27. Juni 2014 in einer Stellungnahme (Opinion and Order, Case 1: 13-cv-02048-JSR, Document 54) fest, dass offensichtlich Steuervermeidungsmotive bei der Bezahlung eine Rolle gespielt haben könnten.

16. Die PvMB-Erben verweisen darauf, dass der Eintrag am 31. August 1935 im Geschäfts-/Lagerbuch keine Ankaufsbestätigung ist, sondern dass es sich um eine nachträgliche Inventarisierung der Bestände der Thannhauser Galerie-Niederlassung in Luzern handelt.

17. Die PvMB-Erben bestreiten auf das Nachdrücklichste, dass Thannhauser Eigentümer des „Madame Soler“-Porträts gewesen ist. Belegbar sei nur, dass das „Madame Soler“-Porträt zusammen mit vier anderen Picasso-Bildern Thannhauser in Kommission gegeben wurde. Zu irgendwelchen Zahlungen Thannhausers an PvMB oder an dessen Witwe ist es nicht gekommen. Das sollte, bis zum Beweis des Gegenteils, Grundlage der Auseinandersetzungen sein.

18. Seitens der PvMB-Erben wird seit Jahren gefordert, den Fall des „Madame Soler“-Porträts vor die „Beratende Kommission“ zu bringen, um eine Klärung in den strittigen Fragen herbeizuführen. Diese Forderung wird von den BStGS jedoch abgelehnt mit der Begründung, bei dem „Madame Soler“-Porträt handele es sich nicht um ein „NS-verfolgungsbedingt entzogenes“ Kulturgut.

19. Die PvMB-Erben sind anderer Ansicht und plädieren dafür, auch wenn die BStGS und der Freistaat Bayern dazu bisher nicht bereit sind, den Fall „Madame Soler", gegebenenfalls „einseitig" vor die „Beratende Kommission" zu bringen, um eine Klärung von „unabhängiger" Seite in dieser strittigen Angelegenheit herbeizuführen.

20. Die PvMB-Erben treten dafür ein, ein Restitutionsgesetz im Deutschen Bundestag zu verabschieden. Geschähe dies, dann könnten Erben, was gegenwärtig nicht möglich ist, gegebenenfalls mit ihren Ansprüchen bundesdeutsche Gerichte anrufen und rechtliche Schritte einleiten.

Ausblick und Perspektiven

22. Über die Notwendigkeit einer unabhängig betriebenen Provenienzforschung

Es ist sicherlich so, dass die Provenienzforschung in den öffentlichen Museen und Sammlungen in der Bundesrepublik Deutschland mit der Unterzeichnung der „Washingtoner Erklärung“ 1998 an Bedeutung gewonnen hat. Der in der Debatte stehende strittige „Madame Soler“-Restitutionsfall ist dafür nach Ansicht des Verfassers ein gutes Beispiel. Die unterschiedlichen Bewertungen des Falles durch die BStGS und die PvMB-Erben und deren Anwälte lassen erkennen, dass man aus verschiedenen Blickwinkeln die Provenienz eines Kunstwerkes betrachten kann. So können durchaus Probleme bei der Erörterung der Frage auftreten, wer bei der Provenienzuntersuchung eines Kunstwerkes Auftraggeber, wer Nutznießer oder, was auch sein kann, wer beides zugleich ist.

Gehen wir davon aus, dass es bei den zwischen 1933 und 1945 jüdischen Opfern geraubten oder „NS-verfolgungsbedingt entzogenen“ Kunstwerken, die sich heute im Besitz von öffentlichen oder privaten Sammlungen in der Bundesrepublik Deutschland befinden, Aufgabe der Provenienzforschung ist, bei einem in Raubkunstverdacht geratenen Kunstwerk dessen Geschichte und Herkunft zu ermitteln. Dafür sind erhebliche finanzielle Mittel bereitgestellt und entsprechende Stellen bei den Museen und anderen einschlägigen Einrichtungen geschaffen worden.

Einiges ist in dieser Hinsicht in den letzten beiden Jahrzehnten zugegebenermaßen geschehen. Die in Magdeburg eingerichtete „Koordinierungsstelle für Kulturgutverluste“, später umbenannt in „Deutsches Zentrum für Kulturgutverluste“ (DZK), etwa ist bemüht, mit Such- und Fundmeldungen zur Identifizierung der Herkunft und der Eigentümer von Kunstwerken beizutragen.

Eingerichtet wurde die Internetdatenbank „Lost Art“, in der unter NS-Raubkunstverdacht stehende Kulturgüter (u. a. Mobiliar, Gemälde, Inkunabeln, Skulpturen, Bücher, Musikalien, Bilder, Grafiken) erfasst und registriert werden, die infolge der nationalsozialistischen Gewaltherrschaft und der Ereignisse des Zweiten Weltkrieges verbracht, verlagert oder – verfolgungsbedingt – ihren jüdischen Eigentümern entzogen wurden.

Eigenständige Provenienzrecherchen werden vom Deutschen Zentrum für Kulturgutverluste (DZK) nicht durchgeführt. Das überlässt man etwa der „Provenienzforschung" im „Zentralarchiv" unter dem Dach der Stiftung Preußischer Kulturbesitz oder den Stellen und Referaten, die etwa an der Hamburger Kunsthalle, den Bayerischen Staatsgemäldesammlungen sowie in verschiedenen anderen deutschen Museen eingerichtet worden sind, um der Erforschung der Herkunft der Museumsexponate in diesen Einrichtungen nachzugehen.

In den letzten Jahren hat sich gezeigt, dass in Fragen der Erforschung von NS-Raubkunst die Museen enorme Mittel für Provenienznachforschungen seitens des DZK abrufen können. Die Opferseite hingegen, die Geschädigten also, die keine Institution hinter sich haben, über die sie einen Antrag beim DZK stellen könnten, sind in der Regel gezwungen, Dritte zu beauftragen, die pro bono oder auf Erfolgsbasis arbeiten, um die notwendigen Recherchen anzustellen.

Nur wenige Nachkommen von NS-Opfern können den vom DZK geforderten Eigenanteil aufbringen, der notwendig ist, um für wissenschaftliche Recherche Fördergelder zu beantragen, wie das etwa im Fall der Sammlung des Zeitungsverlegers Rudolf Mosse möglich war. Dieser Fall ist jedoch eine Ausnahme. Die Mehrzahl der Erben, denen keine finanziellen Mittel zur Verfügung stehen, können deshalb nicht, auch wenn sie es wollten, die entsprechenden Restitutionsanträge stellen.

Das wiederum hat dazu geführt, dass ein Ungleichgewicht entstanden ist, welches es Opfererben faktisch unmöglich macht oder zumindest sehr erschwert, mit einem Museum und dessen Vertretern auf Augenhöhe zu verhandeln. Es kommt hinzu, dass die Museen, die ein Kunstwerk in ihrem Besitz haben, nicht sonderlich daran interessiert sind, ein solches Kunstwerk, auch wenn es unter Raubkunstverdacht steht, herauszugeben. Vielfach sind sie sogar bemüht, die Umstände zu verschleiern, wie sie in der NS-Zeit und in den Nachkriegsjahren in den Besitz eines solchen Kunstwerkes gelangt sind.

Am strittigen Fall des „Madame Soler"-Porträts kann das belegt und verdeutlicht werden. Die PvMB-Erben investierten erhebliche Mittel in Recherchen, aber die dabei erzielten Ergebnisse wurden nicht weiter beachtet, vielfach wohl auch deshalb, weil man den Erben unterstellte, sie seien interessengeleitet – im Gegensatz zu den im Auftrag der Museen arbeitenden Provenienzforschern, deren „Erkenntnisse" offensichtlich als bedeutsamer angesehen werden als die „Behauptungen" der Opfererben.

Das trifft auch im Fall der Auseinandersetzungen mit dem Guggenheim und dem MoMA zu. Für die beiden Museen waren zahlreiche ProvenienzforscherInnen unterwegs, um in den Archiven in Deutschland, der Schweiz und in Frankreich und selbst im argentinischen Buenos Aires

Materialien zu sammeln, die wohl dazu gedacht waren, die Stellung der Museen gegenüber den Restitutionsforderungen der PvMB-Erben zu stärken.

Bedauerlicherweise kann über diese Forschungen und vor allem über die abgelieferten Gutachten im Einzelnen nicht berichtet werden, da bei dem geschlossenen Vergleich zwischen den New Yorker Museen und den PvMB-Erben von den Anwälten Stillschweigen vereinbart und entsprechende Stillhalteerklärungen unterzeichnet wurden. Dessen ungeachtet sind manche dieser Gutachten an Museen weitergereicht worden und zirkulieren bei den Provenienzforschern, die im Auftrag verschiedener Museen tätig sind.

Eigenartig mutet es allerdings darüber hinaus an, dass die BStGS Finanzmittel vom DZK erhalten haben, um, wie es heißt, eine „Objektbezogene Einzelfallrecherche" im „Madame Soler"-Fall im Zeitraum von Dezember 2012 bis Mitte Mai 2013 anstellen zu können. Was bei dieser „Recherche" herauskam, ist jedoch nur einigen Eingeweihten in der Leitungsebene der BStGS bekannt. Die Ergebnisse der Recherche wurden nicht öffentlich gemacht. Ob es dafür einen Grund gab? Es können nur Mutmaßungen angestellt werden.

Ein Abschlussbericht zu diesem Forschungsprojekt, wie er normalerweise üblich ist, ist seitens der BStGS dem DZK nicht vorgelegt worden. Und selbst wenn ein solcher Bericht vorläge, würde keine Verpflichtung zur Veröffentlichung bestehen, wie auf eine Nachfrage beim DZK erklärt wurde.[100] Der Fall zeigt deutlich, wie eng DZK und manche Museen zusammenarbeiten und dass es mit der Unparteilichkeit mancher Einrichtungen, die mit NS-Raubkunst befasst sind, nicht weit her ist.

Die Frage stellt sich in diesem Zusammenhang, ob die Provenienzforschung, wie sie gegenwärtig in Deutschland von den öffentlichen Museen in NS-Raubkunstfällen betrieben wird, den Vorgaben entspricht, wie sie seinerzeit in der „Washingtoner Erklärung", der „Berliner Erklärung" und der „Terezin Declaration" vereinbart worden sind. Die Museen haben sich zwar zu einer unabhängigen Provenienzforschung verpflichtet, um „faire und gerechte Lösungen" herbeizuführen. Das fällt aber offensichtlich manchen Museen schwer.

Genau deshalb sollte öffentlich diskutiert werden, wie unabhängig die Provenienzforschung in der Bundesrepublik Deutschland tatsächlich ist und ob sie nicht, wie schon angesprochen, in erster Linie den Interessen der Museen dient, in deren Auftrag die Forschungen bezahlt werden. Wie

100 E-Mail-Auskunft des DZK vom 16. Mai 2018, Archiv, Moses Mendelssohn Stiftung.

sehr das manchmal zum Problem wird, zeigt sich an Kleinigkeiten, die bestimmte Abhängigkeiten kennzeichnen. Die Leiterin der Abteilung Provenienzforschung bei den BStGS spricht in Stellungnahmen, wie etwa im „Madame Soler"-Fall, von „wir" und identifiziert sich mit dem Wort „wir" ganz offensichtlich mit den BStGS und deren Interessenlagen.

Die Historiker, Kunsthistoriker und Juristen in Deutschland, so sie sich als Provenienzforscher verstehen, sind in einem Verein organisiert, der sich „Arbeitskreis Provenienzforschung" nennt. In diesem Arbeitskreis, der sich als ein professionelles Netzwerk betrachtet, sind zahlreiche Wissenschaftler aus Deutschland, Großbritannien, den Niederlanden, der Schweiz und den USA „ehrenamtlich" tätig. Die meisten von ihnen arbeiten in öffentlichen oder privaten Einrichtungen, im akademischen Bereich, zumeist sind sie irgendwo angestellt, einige sind Freiberufler, die auf Honorarbasis arbeiten.

Die meisten der in diesem Arbeitskreis organisierten Forscher gehen sinnvollen Tätigkeiten nach, sie erforschen nicht nur die Geschichte des Kunstmarkts, des Kulturguttransfers und die Sammlungsgeschichten. Sie arbeiten auch an der Aufdeckung von Enteignung, Verlagerung, Plünderung und Diebstählen. Dass es hier mitunter zu Konflikten mit dem eigenen Selbstverständnis im Rahmen der jeweiligen Aufgabenstellung kommen kann, das ergibt sich quasi von selbst.

Niemand wird bestreiten wollen, dass der „Arbeitskreis", wie er sich mittlerweile entwickelt hat, gewillt ist, mit Vorurteilen aufzuräumen, insbesondere mit dem Vorwurf, „dass die Provenienzforschung in politischer Abhängigkeit stehe und ihr Erfolg nur an Restitutionsquoten gemessen werde".[101] Um das zu ermöglichen, sind bestimmte Voraussetzungen zu schaffen, so etwa der ungehinderte Zugang zu den Archiven der Museen, der nicht überall gegeben ist. Vielfach wird das den Anwälten von Opfernachkommen verwehrt und sie stehen mit ihrem Anliegen vor verschlossenen Türen.

Aus Sicht der Geschädigten, der NS-Opfer und deren Nachkommen (falls es solche überhaupt gibt), ist die gegenwärtige Situation äußerst unbefriedigend. Es sei eine „Wand des Schweigens", vor der die Opfererben stehen, so gab das der ehemalige Botschafter der Vereinigten Staaten bei der Europäischen Union, Stuart E. Eizenstat, vor dem Kongress in Washington am 27. Juli 2006 zu Protokoll. Die Geschädigten

101 Meike Hopp, Wir sind mehr als Kunstdetektive! Ein Appell zur Stärkung der Provenienzforschung, in: KMN Magazin, Nr. 140/2019, S. 18 f.

oder deren Nachkommen würden häufig keinen Einblick in vorhandene Akten erhalten und die Kunstwelt sperre sich dagegen, Holocaust-Überlebenden und ihren Erben Informationen und Dokumente zugänglich zu machen, damit sie mögliche Ansprüche ausforschen können.

Die Provenienzforschung, die sich mit Problemen der NS-Raubkunst befasst, sollte, wie manche Holocaust-Überlebenden bzw. deren Erben das gegenwärtig sehen, unabhängiger organisiert werden, als es bisher der Fall ist. Sinnvoll wäre es, diese Aufgabe Einrichtungen wie etwa Universitätsinstituten oder unabhängigen Stiftungen anzuvertrauen. Ihnen könnte man die Aufgabe zukommen lassen, Aufträge für Provenienzforschungsprojekte zu Werken zu vergeben, die unter NS-Raubkunst-Verdacht stehen. Das würde zu einer größeren Unabhängigkeit der Provenienzforschung beitragen.

23. Die Debatte um die Reform der „Beratenden Kommission" und die Bemühungen, ein Restitutionsgesetz zu schaffen

Deutschland hat mit der „Washingtoner Erklärung" die Selbstverpflichtung übernommen, die staatlichen Museumsbestände nach NS-verfolgungsbedingt entzogenen Kulturgütern zu überprüfen und aufgefundene Kunstwerke an die rechtmäßigen Eigentümer zurückzugeben. Bestätigt wurde das, wie eingangs schon ausgeführt, am 14. Dezember 1999 durch die „Gemeinsame Erklärung der Bundesregierung, der Länder und der kommunalen Spitzenverbände zur Auffindung und Rückgabe NS-verfolgungsbedingt entzogenen Kulturgutes, insbesondere aus jüdischem Besitz".

Es hat sich aber gezeigt, dass aus diesen Bekundungen kein individueller, einklagbarer Rückgabeanspruch abzuleiten ist, wie er etwa in den einstigen alliierten Rückerstattungsgesetzen, dem Bundesrückerstattungsgesetz (BRüG) und dem Vermögensgesetz (VermG), bestanden hat.[102] Man vermittelte den Museen eine Richtlinie zur Handhabe und zum Umgang mit in den Beständen vermuteter NS-Raubkunst. Vielmehr als eine freiwillige, moralische Selbstverpflichtung war es jedoch nicht, keinesfalls war es eine verbindliche rechtliche Regelung. Sie bezog sich in erster Linie auf öffentliche Einrichtungen, nicht jedoch auf private Sammlungen, Kunsthandlungen und Auktionshäuser.

102 Hierzu ausführlich Jürgen Lillteicher, Raub, Recht und Restitution. Die Rückerstattung jüdischen Eigentums in der frühen Bundesrepublik (= Moderne Zeit. Neue Forschungen zur Gesellschafts- und Kulturgeschichte, Bd. XV), Göttingen 2007, S. 37 ff., 135 ff., 399 ff.

Die Hindernisse, die sich bei der Restitution von NS-Raubkunst stellten, waren die „Einrede der Verjährung", aber auch das „Ersitzen von Eigentum durch Zeitablauf", wie es im BGB und nach deutschem Rechtsverständnis möglich ist. Das hat zu mancherlei Komplikationen und Missverständnissen geführt. Manche Museen und auch einige Politiker haben sich in der Vergangenheit auf die „Verjährung" und das „Ersitzen" berufen, sind aber dabei mit dieser Sicht verständlicherweise bei den NS-Opfern und deren Nachkommen auf großes Unverständnis gestoßen.

Logischerweise begann man darüber nachzudenken, ob es nicht doch sinnvoll sei, ein Restitutionsgesetz vom Deutschen Bundestag verabschieden zu lassen, nach dem Vorbild Österreich, wo das schon vor längerer Zeit geschah. Zunehmend bemängelt wird, dass trotz massiver Kritik von Opferverbänden, einiger Abgeordneter sowie von einigen Journalisten, die sich dieser Frage angenommen haben, es in Deutschland nicht gelungen ist, hier ein Stück weiterzukommen.

Unter der Ägide von Bundeskanzlerin Angela Merkel wurden zwar wiederholt Maßnahmen diskutiert, aber zu einer nachhaltigen Reform ist es nicht gekommen. Die Arbeitsweise und die Verfahrensordnung der „Beratenden Kommission" erfuhren nicht die Änderungen, die notwendig gewesen wären. Nach wie vor, so wird kritisiert, bietet die gegenwärtige Lage keinerlei Gewähr für „gerechte und faire Lösungen", wie sie einst in der „Washingtoner Erklärung" vorgeschlagen wurden.

Wie skeptisch die Schaffung eines Restitutionsgesetzes gesehen wird, zeigte sich etwa am 2. Dezember 2015, als bei einer „Öffentlichen Anhörung" des „Ausschusses für Kultur und Medien im Deutschen Bundestag" Hermann Parzinger, der Präsident der Stiftung Preußischer Kulturbesitz, erklärte, dass ein Restitutionsgesetz in der Praxis letztlich keine Relevanz habe, denn kein staatliches Museum könne es sich erlauben, „ein Kunstwerk nicht an die Erben der rechtmäßigen Besitzer zu restituieren, wenn es als Raubkunst identifiziert wird".[103]

Als damals ebenfalls eingeladener Sachverständiger vertrat der Verfasser der vorliegenden Publikation in der von ihm vorgetragenen Stellungnahme die Ansicht, dass es in Deutschland bei der Behandlung von Restitutionsansprüchen zwei Grundprobleme gäbe, nämlich das des nicht vorhandenen politischen Willens und der mangelnden Transparenz. NS-Raubkunst und Restitution würden in Deutschland, so führte er aus, in einer Grauzone verhandelt, sowohl rechtlich als auch informationspolitisch.

103 47. Sitzung des Ausschusses für Kultur und Medien, 2. Dezember 2015.

Bei dieser Anhörung plädierte der Verfasser im Unterschied zu den anderen geladenen Sachverständigen für die Schaffung und Einführung einer gesetzlichen Grundlage, mit der nicht nur die Auskunftspflicht, sondern auch die Beweislastfragen geklärt werden könnten.[104] Es sei wichtig, dass Museen und Erben in strittigen Fällen Wege finden, sich zu einigen. Keinesfalls dürfe der aktuelle Besitzer eines Bildes oder eines Kunstwerks, so die Stellungnahme der „Commission for Art Recovery", mit der der Verfasser dieser Publikation weitestgehend übereinstimmte, derjenige sein, „der die endgültige Entscheidung über die Begründetheit eines Anspruchs trifft".

Die Schaffung gesetzlicher Grundlagen sei nicht nur deshalb notwendig, sondern auch bei den Fällen, so erklärte der Verfasser am Rande der Anhörung im Dezember 2015, in denen keine Erben mehr ausfindig gemacht werden können. Entweder, weil sie im Holocaust umgekommen sind und keine Nachfahren haben oder weil man bei manchen Kunstwerken die einstigen Eigentümer nicht mehr zuordnen kann und mögliche Anspruchsteller nicht mehr ausfindig gemacht werden können.

Würden denn dann, das ist die Frage, die sich in diesem Zusammenhang stellt, die in der NS-Zeit abgepressten und entzogenen Bilder und Kunstwerke den Museen gehören, in deren Besitz sie sich gegenwärtig befinden? Dem könne keinesfalls zugestimmt werden. Der Verfasser verwies auf Stellungnahmen der „Claims Conference" und anderer jüdischer Organisationen wie etwa der „Commission for Art Recovery", die diesen Sachverhalt bei anderen Gelegenheiten schon thematisiert haben, allerdings ohne dass das nennenswerte Beachtung gefunden hätte.

Abzuhelfen wäre diesem Problem nur durch ein Restitutionsgesetz in Deutschland, mit dem offene Fragen geklärt werden könnten, wie etwa die Fälle, bei denen keine Erben mehr ausfindig gemacht werden können. Das Kunstrückgabegesetz, das in Österreich am 1. April 2002 in Kraft trat und 2009 novelliert wurde, könnte, so die vom Verfasser in der Anhörung im Dezember 2015 im Deutschen Bundestag vertretene Ansicht, ein nachahmenswertes Vorbild sein, an dem sich in Deutschland der Gesetzgeber im Bund und in den Ländern orientieren könne.

Einige Jahre später, am 20. Februar 2019, fand auf Antrag der Abgeordneten Hartmut Ebbing, Katja Suding, Nicola Beer und weiterer Abgeordneter der FDP-Fraktion eine weitere Anhörung vor dem „Ausschuss für

104 Julius H. Schoeps, Schriftliche Stellungnahme zu den vom Ausschuss für Kultur und Medien gestellten Leitfragen, 2. Dezember 2015, Archiv, Moses Mendelssohn Stiftung.

Kultur und Medien" im Deutschen Bundestag statt.[105] Diesmal nahmen neben Dr. Agnes Peresztegi von der „Commission for Art Recovery", New York auch Prof. Dr. Gilbert Lupfer vom DZK und Prof. Dr. Wolf Tegethoff von der „Beratenden Kommission" als Sachverständige teil. Die Bundesregierung war durch Kulturstaatsministerin Monika Grütters vertreten.

Zentraler Gesichtspunkt bei dieser Anhörung am 20. Februar 2019 war, ob es nicht erforderlich sei, die „Beratende Kommission" von Grund auf zu reformieren. Bemängelt wurde von den Abgeordneten insbesondere die bestehende Konstruktion, die Zusammenarbeit von DZK und „Beratender Kommission", die nicht das gebracht hätte, was man von ihr erwartet habe. Die Frage wurde gestellt, welche Funktion die „Kommission" eigentlich habe. Ist sie eine volle Mediationsstelle oder ein halbes Schiedsgericht? Oder vielleicht beides zugleich? Die Antworten seitens der geladenen Sachverständigen, die sich hierzu äußerten, fielen unterschiedlich aus.

Aus der Sicht einer Außenstehenden, einer Kennerin der Restitutionsproblematik in Deutschland, der Anwältin Agnes Peresztegi, müssten DZK und „Beratende Kommission" organisatorisch strikt voneinander getrennt werden. In der Frage, ob ein Restitutionsgesetz notwendig sei, äußerte sie sich indes eher zurückhaltend, dafür plädierend, dass es doch eigentlich möglich sein müsse, Lösungen außerhalb der allgemeinen Rechtsordnung zu finden, um das NS-Unrecht wiedergutzumachen.

Auf die Anrufbarkeit der „Beratenden Kommission" eingehend, meinte Peresztegi, es sei sinnvoll, Regelungen zu schaffen, unter denen die Kommission auch *einseitig* angerufen werden könne. Dem stimmten die Abgeordneten und die geladenen Sachverständigen, die sich in der Debatte zu Wort meldeten, weitgehend zu. Leider ist man aber, trotz zustimmender Voten, damit nicht sehr viel weitergekommen.

Bei den zu verhandelnden Fällen in der Kommission, meinte Prof. Dr. Wolf Tegethoff, Mitglied der „Beratenden Kommission", müsste eine praktikable Lösung gefunden werden, „die vielleicht nicht juristisch hieb- und stichfest, aber moralisch-ethisch gerechtfertigt ist". Monika Grütters, die Kulturstaatsministerin, ging ebenfalls auf diesen Umstand ein, äußerte sich jedoch ausweichend, darauf verweisend, dass die Kommission nicht allein vom Bund, sondern auch von den Ländern und Kommunen getragen werde.

Die Stellungnahme des Vorsitzenden der „Beratenden Kommission", Professor Hans-Jürgen Papier, die einen Tag zuvor in der „Süddeutschen

105 Wortprotokoll der 22. Sitzung Ausschuss für Kultur und Medien, 20. Februar 2019, BT-Drucksache 19/8273 und 19/5423.

Zeitung" erschien und in der er von notwendigen gesetzgeberischen Maßnahmen und einem Restitutionsgesetz sprach, wurde von der Staatsministerin mit dem Einwand zurückgewiesen, dass es schwierig sei, „gesetzliche Änderungen rückwirkend im Zivilrecht im Bereich des Verjährungsrechts und des Rechts der Ersitzung durchzusetzen". Diese Punkte sollte man, so StM Monika Grütters, „wenn man solche Schlagwörter in den Mund nimmt, seriöser Weise bedenken".[106]

Einige Wochen nach der Anhörung brachte im März 2019 die Fraktion „Die Linke" im Bundestag einen von Dr. Sahra Wagenknecht, Dr. Dietmar Bartsch und Fraktion unterzeichneten Antrag ein, die Restitution von NS-Raubkunst gesetzlich zu regeln. Die Bundesregierung wurde aufgefordert, den Entwurf eines solchen Gesetzes vorzulegen, denn dadurch würde, so die Argumentation, eine „Wiedergutmachungslücke" geschlossen werden können.

Nicht nur könnte dann die „Einrede des gutgläubigen Erwerbs eines Kulturgutes", welches NS-verfolgungsbedingt entzogen oder veräußert wurde, sondern auch die „Einrede des gutgläubigen Erwerbs durch Ersitzung" und die „Einrede der Verjährung" mit einem solchen Gesetz ausgeschlossen werden.[107] In der Abstimmung des Deutschen Bundestages am 15. November 2019 fand der Antrag jedoch keine Mehrheit.

Die Bemühungen, ein „Gesetz zur erleichterten Durchsetzung der Rückgabe von abhandengekommenem Kulturgut" auf den Weg zu bringen, sind in den Ansätzen stecken geblieben. Ein Referentenentwurf im Bundesministerium für Justiz und für Verbraucherschutz vom Juli 2015, der Änderungen im Bürgerlichen Gesetzbuch (BGB) vorsah, sollte die Umkehr der Beweislast bewirken, „dass die Ersitzung eines verfolgungsbedingt entzogenen Kulturgutes nur wirksam ist, wenn derjenige, der sich auf die Ersitzung beruft, den Beweis dafür erbringt, dass er bei dem Erwerb des Eigenbesitzes in gutem Glauben war".

Der im Entwurf gemachte Vorschlag, dass denjenigen Besitzern von Kulturgütern, die aufgrund der geänderten Beweislast gegebenenfalls zur Herausgabe und Rückübertragung des Eigentums verpflichtet sind, ein Anspruch auf finanziellen Ausgleich („grundsätzlich ausgehend vom Verkehrswert des Kulturgutes") zuzuerkennen ist, löste einige Irritationen

106 Seine Sicht, was möglich ist und was nicht, hat Hans-Jürgen Papier ausführlich in einem Aufsatz „Recht versus Moral? Verfassungsrechtliche Grenzen eines Restitutionsgesetzes", in: Interessengemeinschaft Deutscher Kunsthandel (Hrsg.), Fair und Gerecht? Restitution und Provenienz im Kunstmarkt. Praxis – Probleme – Perspektiven, Heidelberg 2021, S. 79–87 begründet.

107 BT-Drucksache 19/9339.

aus. Dieser Passus dürfte wohl auch der Grund gewesen sein, dass der ausgearbeitete Gesetzesentwurf nicht in das Parlament zur Beratung kam. Kolportiert wird, dass der damalige Bundesminister der Finanzen erklärt haben soll: Es könnten, würde ein solches Gesetz in Kraft treten, „unkalkulierbare Kosten" auf die Bundesrepublik Deutschland zukommen.

Wie zögerlich der Bund, aber auch die Länder mit der Frage eines Restitutionsgesetzes umgehen, zeigt ein Schreiben an die Mitglieder des „Ausschusses für Kultur und Medien" im Deutschen Bundestag,[108] in dem der einstige Bayerische Justizminister Prof. Dr. Winfried Bausback ausführte, wie aus seiner Sicht künftig mit dem Problem der „Verjährung" und dem „Ersitzen von Eigentum" umzugehen sei.

Die mögliche Aussetzung, Hemmung und Verlängerung der Verjährungsfristen, gab Justizminister Bausback in diesem Schreiben zu bedenken, bliebe für das NS-Raubkunst-Problem ohne Wirkung, weil die betreffenden Verjährungsfristen längst abgelaufen seien. Die Lösung könnte nur in einer rückwirkenden Abschaffung der Verjährung für Herausgabeansprüche liegen. Das aber würde erhebliche verfassungsrechtliche Probleme aufwerfen.

Letzter Stand in der Debatte um die Schaffung eines Restitutionsgesetzes ist der Antrag vom März 2021 der inzwischen aus dem Bundestag ausgeschiedenen Abgeordneten Brigitte Freihold, ihres Zeichens damals erinnerungspolitische Expertin der Fraktion „Die Linke". Sie forderte, die „Rückgabe von NS-Raubkunst gesetzlich [zu] regeln".[109] Mit anderen Worten: Wir brauchen dringend ein Gesetz, in dem die „Handreichungen" zur Umsetzung der „Washingtoner Erklärung" rechtsverbindlich als normative Grundlage für Entscheidungen zur Rückgabe von NS-verfolgungsbedingt entzogenem Kulturgut festgeschrieben werden.

Viel hat sich seit der Debatte darüber, gesetzliche Grundlagen zu schaffen, nicht bewegt. Der „Ausschuss für Kultur und Medien" des Deutschen Bundestages hat in seiner Mehrheit, ohne das weiter zu begründen, im März 2021 mit den Stimmen der Fraktionen der CDU/CSU, SPD und AfD gegen die Stimmen der Fraktionen DIE LINKE und BÜNDNIS 90/DIE GRÜNEN bei Stimmenthaltung der Fraktion der FDP den Antrag der Linken abgewiesen.[110] Damit ist die letzte Initiative, ein Restitutions-

108 Der Bayerische Staatsminister der Justiz an die Mitglieder des Ausschusses für Kultur und Medien des Deutschen Bundestages, 19. Mai 2014.

109 BT-Drucksache 19/9339.

110 BT-Drucksache 19/27730.

gesetz im Deutschen Bundestag auf den Weg zu bringen, gescheitert. Ob unter der Regierung von Olaf Scholz ein erneuter Versuch gestartet werden kann, wird sich zeigen.

24. Wie soll es im Streitfall des „Madame Soler"-Porträts weitergehen?
Das Problem, das nach der Unterzeichnung der „Washingtoner Erklärung" 1998 entstand, war die Umsetzung der in dieser Erklärung festgehaltenen Vorschläge, zu der sich seinerzeit die Unterzeichnerstaaten verpflichtet hatten. Die Vorstellung, es sei möglich, in Deutschland „alternative Mechanismen" zur Klärung strittiger rechtlicher Eigentumsfragen zu entwickeln, war sicherlich gut gemeint, scheiterte aber an der mangelnden Bereitschaft, aber auch an den föderalen Strukturen der Bundesrepublik Deutschland, vor allem aber an den bestehenden rechtlichen Rahmenbedingungen. Das war nicht vorhersehbar, als man sich daranmachte, „alternative Mechanismen" zu entwickeln.

Deutlich wurde und wird das in Fällen wie dem vorliegenden Streit um das Picasso-Porträt „Madame Soler", in dem die BStGS und somit der Freistaat Bayern es ablehnen, *gemeinsam* mit den PvMB-Erben die „Beratende Kommission" anzurufen, um eine Klärung des Streitfalles herbeizuführen. Der schwelende Konflikt, der dadurch entstanden ist, hat zu einigen Irritationen geführt und schlägt nach wie vor in der nationalen wie auch internationalen Öffentlichkeit hohe Wellen.

Zu lösen ist dieser Konflikt, wenn überhaupt, nur dadurch, dass ein unabhängiges Gremium sich des Falles annimmt. Ob das die „Beratende Kommission" sein kann, darüber wird gegenwärtig gestritten. Ein Gericht konnte bisher nicht angerufen werden, da dafür die gesetzlichen Grundlagen nicht vorliegen. Von manchen Politikern ist das ganz offensichtlich auch nicht gewollt. Die Zurückweisung verschiedener Anträge im Deutschen Bundestag scheinen das auf das Nachdrücklichste zu beweisen.

Wie unabhängig ist aber die „Beratende Kommission" tatsächlich? Kann sie sich über die Vorgaben, die man ihr gemacht hat, einfach so hinwegsetzen? Wie eingangs schon erwähnt, soll die „Kommission" nur „Empfehlungen" aussprechen, aber keine „Schiedssprüche" fällen. Selbst der gegenwärtige Vorsitzende der „Kommission" ist unzufrieden mit dieser Regelung. Die Empfehlungen seien unverbindlich, bemängelt Prof. Dr. Hans-Jürgen Papier. Die Kritik an der „Kommission" sei eine Folge davon, dass „[d]ie Arbeit der Kommission nicht die legitimierende und befreiende Wirkung [hat], die man sich [anfangs] erhoffte."[111]

111 Wir können ja niemanden zwingen, in: SZ, 19. Februar 2019.

Nicht nur bei den PvMB-Erben stößt der schon erwähnte Sachverhalt auf Unverständnis, dass die BStGS im Zeitraum von Anfang Dezember 2012 bis Ende Mai 2013 für eine Recherche zu Picassos Porträt „Madame Soler" Fördergelder des DZK erhalten haben,[112] aber aus welchen Gründen auch immer es bisher nicht für nötig empfunden haben, die Ergebnisse der Recherche der Öffentlichkeit mitzuteilen. Allein dieser Umstand, dass die BStGS vom DZK mit Fördergeldern versehen wurden, sollte Nachfragen rechtfertigen und für die „Beratende Kommission" Anlass genug sein, sich dieses Falles anzunehmen.

Es gibt zahlreiche Äußerungen und Verlautbarungen der Bundesregierung, die dahingehend zu deuten sind, dass, wenn ein öffentliches Museum, sei es in Bayern beheimatet oder in einem anderen deutschen Bundesland, Fördergelder des Bundes für Provenienzrecherchen erhält, dieses Museum dann gegenüber dem Geldgeber (und das ist wohlgemerkt letztlich der Steuerzahler!) auskunftspflichtig ist. Bedauerlicherweise ist das ein Thema, das in den Debatten meist ausgeklammert wird.

Dessen ungeachtet sollte auch für die BStGS und den Freistaat Bayern für den seinerzeitigen Ankauf des „Madame Soler"-Gemäldes der § 935 Absatz 1 Satz 1 des Bürgerlichen Gesetzbuches gelten, der bekanntlich besagt, „ein gutgläubiger Erwerb ist nach deutschem Recht grundsätzlich ausgeschlossen", und zwar dann, „wenn die Sache dem Eigentümer gestohlen worden, verloren gegangen oder sonst abhandengekommen" ist. Dieser Paragraph des BGB, der allerdings auch gewisse Einschränkungen enthält, sollte bei der Behandlung der Weigerung der BStGS, das „Madame Soler"-Porträt herauszugeben bzw. vor die „Beratende Kommission" zu gehen, mehr Berücksichtigung finden, als es bisher geschehen ist.

Wie sollen sich nun aber die PvMB-Erben im Fall des „Madame Soler"-Porträts weiterhin verhalten? Wie können sie es erreichen, dass sie und ihr Anliegen überhaupt Gehör finden? Sollen sie etwa abwarten, dann fragt sich allerdings worauf? Das Problem, das sich den Erben zunehmend stellt, ist der Umstand, dass mit dem Zeitablauf und dem fortwährend stattfindenden Generationswechsel es immer schwieriger für sie sein wird, die Restitutionsansprüche der Familie aufrechtzuerhalten.

Im Fall der PvMB-Erben sind es gegenwärtig 29 (in Worten neunundzwanzig!) Anspruchsteller. In einigen Jahren wird, wenn nichts geschieht, sich diese Zahl verdoppeln, vielleicht sogar verdreifachen. Durch die wachsende Zahl der Erben wird es dann äußerst schwierig werden, den

112 Unveröffentlichter Provenienzbericht zu Pablo Picasso: Bildnis Madame Soler, Inv.-Nr. 13672, BStGS, Die Pinakotheken.

„Madame Soler"-Fall weiter zu verfolgen. Ob diese Entwicklung von den Politikern bedacht und von den Museumsverantwortlichen ins Kalkül einbezogen wird, darüber können nur Vermutungen angestellt werden.

Es kommt zu den bestehenden Hürden, die die Anspruchsteller zu überwinden haben, hinzu, dass die in Deutschland bestehende Rechtsordnung es derzeit aus Gründen der Rechtssicherheit faktisch nicht gestattet, dass Eingriffe in abgeschlossene Sachverhalte vorgenommen werden, wie sie etwa durch den Eintritt der Verjährung oder durch den Eigentumserwerb im Wege der (gutgläubigen) Ersitzung entstehen. Das war ganz offensichtlich noch nicht im Blickfeld, als die Prinzipien der „Washingtoner Erklärung" 1998 unterschrieben und in Deutschland ein Jahr danach eine entsprechende Vereinbarung zwischen Bund, Ländern und Kommunen getroffen wurde.

Ein weiteres Problem sollte in diesem Zusammenhang ebenfalls angesprochen werden. Wer entscheidet eigentlich über die „Begründetheit eines Anspruchs"? Das können nicht die Museen sein, wie das etwa die BStGS im Fall der Ansprüche der Flechtheim-Erben und der PvMB-Erben tun. Aber es können auch nicht die Erben sein, die ihre Ansprüche zwar formulieren, aber verständlicherweise ebenfalls nicht über die „Begründetheit ihres Anspruchs" entscheiden können.

Die „Beratende Kommission" könnte oder besser gesagt sollte das Gremium sein, das diese Aufgabe übernimmt. Allerdings müssten dafür die entsprechenden rechtlichen Voraussetzungen geschaffen werden. Es reicht nicht aus, dass das Gremium nur „Empfehlungen" aussprechen kann. Es hat sich in mehreren Streitfällen gezeigt, dass das nur begrenzt funktioniert und unzureichend ist. Wenn man hier wirklich weiterkommen will, dann sollten die Stellungnahmen der „Beratenden Kommission" nicht einen empfehlenden, sondern einen verpflichtenden Charakter haben.

Eine der Voraussetzungen, damit die Sichtweise der Museen und die Ansprüche der Erben befriedigt werden können, sollte es indes sein, den Umgang der Museen und Erben miteinander zu verbessern. Es kann nicht sein, dass die Auseinandersetzungen derart eskalieren, dass am Ende nur noch Verlierer auf der Strecke bleiben. Damit das nicht geschieht, müssten allerdings Bund und Länder bereit sein, dafür die rechtlichen Grundlagen zu schaffen. Das könnte durch die Verabschiedung eines Restitutionsgesetzes geschehen oder auch durch verpflichtende Vereinbarungen zwischen dem Bund und den Ländern.

Im letzteren Fall müssten bestimmte organisatorische Umstrukturierungen in Angriff genommen werden. Eine der Bedingungen, die dabei erfüllt werden müssten, wäre die Trennung von DZK und „Beratender

Kommission", wie sie in den letzten Jahren von einzelnen Anwälten, Journalisten und Politikern immer wieder gefordert wurde, aber politisch bisher nicht umgesetzt werden konnte. Gelänge das, so würde die „Beratende Kommission" gestärkt und ihren „Empfehlungen" ein anderes Gewicht als bisher verliehen.

Es ist zu hoffen, dass die neue „Ampel"-Koalitionsregierung unter Bundeskanzler Olaf Scholz ihre Versprechen einhält, die sie im Koalitionsvertrag festgeschrieben hat. „Wir werden uns", so heißt es in dem Vertrag, „weiterhin der Aufgabe stellen, NS-verfolgungsbedingt entzogene Kulturgüter – entsprechend dem Washingtoner Abkommen – an die Eigentümerinnen und Eigentümer zurückzuführen. Wir verbessern die Restitution von NS-Raubkunst, indem wir einen Auskunftsanspruch normieren, die Verjährung des Herausgabeanspruchs ausschließen, einen zentralen Gerichtsstand anstreben und die ‚Beratende Kommission' stärken."[113]

Die PvMB-Erben, die sich bei den BStGS und dem Freistaat Bayern nun schon über ein Jahrzehnt im Streitfall „Madame Soler" um ein Gespräch auf gleicher Augenhöhe bemühen, sind nach wie vor bereit, den Fall vor die „Beratende Kommission" zu bringen, um, wie sie wiederholt zum Ausdruck gebracht haben, im Sinne der „Washingtoner Erklärung" von 1998 den Fall durch ein unabhängiges Gremium klären zu lassen.

Vielleicht gelingt es, eine nicht nur „faire", sondern auch „gerechte" Lösung zu finden? Das wäre aus Sicht der PvMB-Erben sehr zu begrüßen. Im Fall des „Madame Soler"-Porträts sollte eine Klärung des Konfliktes im Interesse aller Beteiligten liegen, wohlgemerkt nicht nur in dem der PvMB-Erben, sondern auch in dem der BStGS und des Freistaates Bayern.

את שלי אמרתי ואת נפשי הצלתי

Julius H. Schoeps
31. Dezember 2021

113 Mehr Fortschritt wagen. Bündnis für Freiheit, Gerechtigkeit und Nachhaltigkeit. Koalitionsvertrag zwischen SPD, Bündnis 90/Die Grünen und FDP, [2021], S. 125.

Dokumente

[im Originalwortlaut wiedergeben, darin enthaltene Fehler wurden nicht korrigiert]

Washingtoner Erklärung 1998

Grundsätze der Washingtoner Konferenz in Bezug auf Kunstwerke, die von den Nationalsozialisten beschlagnahmt wurden (Washington Principles). Veröffentlicht im Zusammenhang mit der Washingtoner Konferenz über Vermögenswerte aus der Zeit des Holocaust, Washington, D.C., 3. Dezember 1998

Im Bestreben, eine Einigung über nicht bindende Grundsätze herbeizuführen, die zur Lösung offener Fragen und Probleme im Zusammenhang mit den durch die Nationalsozialisten beschlagnahmten Kunstwerken beitragen sollen, anerkennt die Konferenz die Tatsache, dass die Teilnehmerstaaten unterschiedliche Rechtssysteme haben und dass die Länder im Rahmen ihrer eigenen Rechtsvorschriften handeln.

1. Kunstwerke, die von den Nationalsozialisten beschlagnahmt und in der Folge nicht zurückerstattet wurden, sollten identifiziert werden.
2. Einschlägige Unterlagen und Archive sollten der Forschung gemäß den Richtlinien des International Council on Archives zugänglich gemacht werden.
3. Es sollten Mittel und Personal zur Verfügung gestellt werden, um die Identifizierung aller Kunstwerke, die von den Nationalsozialisten beschlagnahmt und in der Folge nicht zurückerstattet wurden, zu erleichtern.
4. Bei dem Nachweis, dass ein Kunstwerk durch die Nationalsozialisten beschlagnahmt und in der Folge nicht zurückerstattet wurde, sollte berücksichtigt werden, dass aufgrund der verstrichenen Zeit und der besonderen Umstände des Holocaust Lücken und Unklarheiten in der Frage der Herkunft unvermeidlich sind.
5. Es sollten alle Anstrengungen unternommen werden, Kunstwerke, die als durch die Nationalsozialisten beschlagnahmt und in der Folge nicht zurückerstattet identifiziert wurden, zu veröffentlichen, um so die Vorkriegseigentümer oder ihre Erben ausfindig zu machen.
6. Es sollten Anstrengungen zur Einrichtung eines zentralen Registers aller diesbezüglichen Informationen unternommen werden.

7. Die Vorkriegseigentümer und ihre Erben sollten ermutigt werden, ihre Ansprüche auf Kunstwerke, die durch die Nationalsozialisten beschlagnahmt und in der Folge nicht zurückgegeben wurden, anzumelden.

8. Wenn die Vorkriegseigentümer von Kunstwerken, die durch die Nationalsozialisten beschlagnahmt und in der Folge nicht zurückgegeben wurden, oder ihre Erben ausfindig gemacht werden können, sollten rasch die nötigen Schritte unternommen werden, um eine gerechte und faire Lösung zu finden, wobei diese je nach den Gegebenheiten und Umständen des spezifischen Falls unterschiedlich ausfallen kann.

9. Wenn bei Kunstwerken, die nachweislich von den Nationalsozialisten beschlagnahmt und in der Folge nicht zurückgegeben wurden, die Vorkriegseigentümer oder deren Erben nicht ausfindig gemacht werden können, sollten rasch die nötigen Schritte unternommen werden, um eine gerechte und faire Lösung zu finden.

10. Kommissionen oder andere Gremien, welche die Identifizierung der durch die Nationalsozialisten beschlagnahmten Kunstwerke vornehmen und zur Klärung strittiger Eigentumsfragen beitragen, sollten eine ausgeglichene Zusammensetzung haben.

11. Die Staaten werden dazu aufgerufen, innerstaatliche Verfahren zur Umsetzung dieser Richtlinien zu entwickeln. Dies betrifft insbesondere die Einrichtung alternativer Mechanismen zur Klärung strittiger Eigentumsfragen.

***

Berliner Erklärung 1999

Erklärung der Bundesregierung, der Länder und der kommunalen Spitzenverbände zur Auffindung und zur Rückgabe NS-verfolgungsbedingt entzogenen Kulturgutes, insbesondere aus jüdischem Besitz (Gemeinsame Erklärung)

Die Bundesrepublik Deutschland hat nach dem Zweiten Weltkrieg unter den Voraussetzungen der alliierten Rückerstattungsregelungen, des Bundesrückerstattungsgesetzes und des Bundesentschädigungsgesetzes begründete Ansprüche wegen des verfolgungsbedingten Entzugs von Kulturgütern erfüllt sowie die entsprechenden Verfahren und Institutionen zur Verfügung gestellt, damit die sonstigen Rückerstattungsverpflichteten von den Berechtigten in Anspruch genommen werden konnten. Die Ansprüche standen in erster Linie den unmittelbar Geschädigten und deren Rechtsnachfolgern oder im Fall erbenloser oder nicht in Anspruch genommenen jüdischen Vermögens den in den Westzonen und in Berlin eingesetzten Nachfolgeorganisationen zu. Die materielle Wiedergutmachung erfolgte im Einzelfall oder durch Globalabfindungsvergleiche. Das Rückerstattungsrecht und das allgemeine Zivilrecht der Bundesrepublik Deutschland regeln damit abschließend und umfassend die Frage der Restitution und Entschädigung von NS-verfolgungsbedingt entzogenem Kulturgut, das insbesondere aus jüdischem Besitz stammt.

In der DDR war die Wiedergutmachung von NS-Unrecht nach alliiertem Recht über gewisse Anfänge nicht hinausgekommen. Im Zuge der deutschen Vereinigung hat sich die Bundesrepublik Deutschland zur Anwendung der Grundsätze des Rückerstattungs- und Entschädigungsrechts verpflichtet. NS-verfolgungsbedingt entzogenes Kulturgut wurde nach den Bestimmungen des Vermögensgesetzes und des NS-Verfolgtenentschädigungsgesetzes zurückgegeben oder entschädigt. Dank der globalen Anmeldung seitens der Conference on Jewish Material Claims against Germany, Inc. (JCC) als der heutigen Vereinigung der Nachfolgeorganisationen sind im Beitrittsgebiet gelegene Ansprüche im Hinblick auf Kulturgüter jüdischer Geschädigter geltend gemacht worden. Wie früher in den alten Bundesländern wurde auch hier soweit wie möglich eine einzelfallbezogene materielle Wiedergutmachung und im Übrigen eine Wiedergutmachung durch Globalvergleich angestrebt.

I.

Die Bundesrepublik Deutschland hat – ungeachtet dieser materiellen Wiedergutmachung – auf der Washingtoner Konferenz über Holocaust-Vermögen am 3. Dezember 1998 erneut ihre Bereitschaft erklärt, auf der Basis der verabschiedeten Grundsätze und nach Maßgabe ihrer rechtlichen und tatsächlichen Möglichkeiten nach weiterem NS-verfolgungsbedingt entzogenen Kulturgut zu suchen und gegebenenfalls die notwendigen Schritte zu unternehmen, eine gerechte und faire Lösung zu finden. In diesem Sinne wird der Stiftungsratsbeschluss der Stiftung Preußischer Kulturbesitz vom 4. Juni 1999 begrüßt. Die Bundesregierung, die Länder und die kommunalen Spitzenverbände werden im Sinne der Washingtoner Erklärung in den verantwortlichen Gremien der Träger einschlägiger öffentlicher Einrichtungen darauf hinwirken, dass Kulturgüter, die als NS-verfolgungsbedingt entzogen identifiziert und bestimmten Geschädigten zugeordnet werden können, nach individueller Prüfung den legitimierten früheren Eigentümern bzw. deren Erben zurückgegeben werden. Diese Prüfung schließt den Abgleich mit bereits erfolgten materiellen Wiedergutmachungsleistungen ein. Ein derartiges Verfahren ermöglicht es, die wahren Berechtigten festzustellen und dabei Doppelentschädigungen (z. B. durch Rückzahlungen von geleisteten Entschädigungen) zu vermeiden. Den jeweiligen Einrichtungen wird empfohlen, mit zweifelsfrei legitimierten früheren Eigentümern bzw. deren Erben über Umfang sowie Art und Weise einer Rückgabe oder anderweitige materielle Wiedergutmachung (z. B. gegebenenfalls in Verbindung mit Dauerleihgaben, finanziellem oder materiellem Wertausgleich) zu verhandeln, soweit diese nicht bereits anderweitig geregelt sind (z. B. durch Rückerstattungsvergleich).

II.

Die deutschen öffentlichen Einrichtungen wie Museen, Archive und Bibliotheken haben schon in der Vergangenheit die Suche nach NS-verfolgungsbedingt entzogenem Kulturgut unterstützt:

durch Erschließung und Offenlegung ihrer Informationen, Forschungsstände und Unterlagen,

durch Nachforschungen bei konkreten Anfragen und eigene Recherchen im Falle von aktuellen Erwerbungen,

durch eigene Suche im Rahmen der Wahrnehmung der Aufgaben der jeweiligen Einrichtung,

durch Hinweise auf die Geschichte von Kulturgütern aus NS-verfolgungsbedingt entzogenem Besitz in den Sammlungen, Ausstellungen und Publikationen.

Diese Bemühungen sollen – wo immer hinreichend Anlass besteht – fortgeführt werden.

III.
Darüber hinaus prüfen Bundesregierung, Länder und kommunale Spitzenverbände im Sinne der Washingtoner Grundsätze ein Internet-Angebot einzurichten, das folgende Bereiche umfassen sollte:

Möglichkeiten der beteiligten Einrichtungen, Kulturgüter ungeklärter Herkunft zu veröffentlichen, sofern NS-verfolgungsbedingter Entzug vermutet wird.

Eine Suchliste, in die jeder Berechtigte die von ihm gesuchten Kulturgüter eintragen und damit zur Nachforschung für die in Frage kommenden Einrichtungen und die interessierte Öffentlichkeit ausschreiben kann.

Informationen über kriegsbedingte Verbringung NS-verfolgungsbedingt entzogener Kulturgüter in das Ausland.

Die Schaffung eines virtuellen Informationsforums, in dem die beteiligten öffentlichen Einrichtungen und auch Dritte ihre Erkenntnisse bei der Suche nach NS-verfolgungsbedingt entzogenen Kulturgütern eingeben können, um Parallelarbeiten zu gleichen Themen (z. B.: Bei welcher Auktion wurden jüdische Kulturgüter welcher Sammlung versteigert?) auszuschließen und im Wege der Volltextrecherche schnell zugänglich zu machen.

IV.
Diese Erklärung bezieht sich auf die öffentlich unterhaltenen Archive, Museen, Bibliotheken und deren Inventar. Die öffentlichen Träger dieser Einrichtungen werden aufgefordert, durch Beschlussfassung in ihren Gremien für die Umsetzung dieser Grundsätze zu sorgen. Privatrechtlich organisierte Einrichtungen und Privatpersonen werden aufgefordert, sich den niedergelegten Grundsätzen und Verfahrensweisen gleichfalls anzuschließen.

***

Antwort des Ltd. Regierungsdirektors Robert Kirchmaier (Bayerische Staatsgemäldesammlungen) an RA Dr. Ulf Bischof vom 31. März 2010 auf das Restitutionsgesuch vom 12. August 2009 für Pablo Picasso, Madame Soler, Inv. Nr. 13672

Sehr geehrter Herr Kollege Dr. Bischof, mit Ihrem oben genannten Schreiben vertreten Sie in Untervollmacht Lars Akermann, der wiederum für die Erben von zwei der vier Schwestern von Paul von Mendelssohn-Bartholdy Käthe Walch und Charlotte Hallin das Werk von Picasso, Madame Soler, welches sich seit 1964 im Eigentum der Bayerischen Staatsgemäldesammlungen befindet, beansprucht.

Unter Abwägung aller von Ihnen vorgetragenen Umstände und Aspekte zu der persönlichen Verfolgung und den Vermögensverlusten von Paul von Mendelssohn-Bartholdy sowie unter Berücksichtigung der vom Referat für Provenienzforschung an den Bayerischen Staatsgemäldesammlungen zusammen getragenen Fakten sind wir zu dem Schluss gekommen, dass die Bayerischen Staatsgemäldesammlungen dem Rückgabeersuchen nicht nachkommen werden.

Die für die Entscheidungsfindung der Bayerischen Staatsgemäldesammlungen erheblichen und bedeutsamen Aspekte betreffen vor allem den Verkauf 1935 von Paul von Mendelssohn-Bartholdy an die Firma Thannhauser sowie die finanziellen Verhältnisse von Paul von Mendelssohn-Bartholdy. Dazu möchte ich Ihnen hiermit in geraffter Form folgende Rechercheergebnisse mitteilen:

I. Daten und Fakten zur Provenienz von Pablo Picasso *Madame Soler*

PM-B = Paul von Mendelssohn-Bartholdy
BSTGS = Bayerische Staatsgemäldesammlungen

- 1902: Hochzeit Paul von Mendelssohn-Bartholdy (1875–1935) mit Charlotte Reichenheim (1877–1946, Tochter von Margarete Reichenheim Oppenheim). Das Ehepaar baut eine bedeutende Kunstsammlung auf. Wohnsitze in Berlin (Alsenstrasse 3) und Schloß Börnicke bei Berlin.
- 1910: Paul von Mendelssohn-Bartholdy bestimmt testamentarisch Charlotte zur befreiten Vorerbin. Haushaltsgegenstände, Einrichtung

und Kunstgegenstände fallen ihr zu freier eigentümlicher Verfügung durch Rechtsgeschäfte unter Lebenden und von Todes wegen zu.

- 1927: Hochzeit PM-B mit Elsa von Lavergne-Peguilhen (1899–1986).
- Um 1930: Erwerb von Picasso *Madame Soler* durch Paul von Mendelssohn-Bartholdy bei Thannhauser, Berlin.
- 7. Juli 1934ff: PM-B bietet Thannhauser Werke aus seiner Sammlung an. In der Offerten- und Provenienzkartei Rosengart/Thannhauser heißt es zu den Werken von van Gogh: „Würde er vielleicht bei gutem Gebot abgeben." Bei Picasso *Madame Soler* ist vermerkt: „Gibt er eventuell ab". Insgesamt hat PM-B zwischen 1934 und 1935 16 Werke aus der gut 60 Werke umfassenden Sammlung verkauft.
- Oktober 1934: Picasso Ausstellung der Galeria Müller, Buenos Aires, Nr. 5 ist Picasso *Madame Soler* mit dem Vermerk „Eigentum eines großen Berliner Sammlers". Das Bild ist noch im Eigentum von PM-B.
- 8.2.1935: Zweites Testament PM-B: zu Erben eingesetzt werden seine zweite Ehefrau Elsa geborene von Lavergne-Peguilhen als Vorerbin auf Lebenszeit und die Kinder, die aus der Ehe etwa noch geboren werden sollten. „Frau Elsa von Mendelssohn-Bartholdy werden die zum ehelichen Haushalt gehörenden Gegenstände und die Hochzeitsgeschenke im Voraus vermacht. Dabei wird bemerkt, dass die Gemälde bereits bei der Hochzeit (1927) von ihrem Gatten geschenkt worden sind." Nacherben bei Nichtvorhandensein von ehelicher Nachkommenschaft sind die vier Schwestern Käthe Wach, Charlotte Hallin, Enole von Schwerin und Marie Busch zu gleichen Teilen und deren Kinder als Ersatzerben.
- 02–05/1935: eigenhändige Liste von Elsa von Lavergne-Peguilhen, verwitwete Mendelssohn-Bartholdy für die Gemälde, die sie nach PM-Bs Tod besitzt: Gesamtwert 424.900 RM, ohne Picasso Madame Soler, da dieses Bild schon vorher verkauft worden ist. Insgesamt über 40 Werke.
- 10./11. Mai 1935: Tod von PM-B, Todesursache Herzattacke. Erbin ist Elsa von Mendelssohn-Bartholdy, 2. Ehefrau, Nichtjüdin, in Bezug auf den Kunstbesitz und die Hochzeitsgeschenke. Vermögen (Geld) und Land bzw. Immobilien gehen zu gleichen Teilen an die Schwestern Käthe Wach, Charlotte Hallin, Enole von Schwerin und Marie Busch. PM-B's geschiedene Frau Charlotte erhält jährliche Unterhaltszahlungen. „Seiner geschiedenen Frau Charlotte hat Paul von Mendelssohn-Bartholdy auf Grund eines Unterhaltsvertrages eine Rente zu zahlen." „Frau Elsa von Mendelssohn-Bartholdy nimmt die ihr von ihrem Manne gemachten Zuwendungen an und erklärt sich durch diese Zuwendungen wegen des ihr zustehenden gesetzlichen Erbrechts für abgefunden, entsagt also allen weiteren Ansprüchen an den Nachlass ihres

Mannes." Der gegenwärtige Wert des Vermögens des Erblassers wird auf RM 1.700.000 angegeben. Am 15. Mai wird PM-B in Börnicke von einem protestantischen Pfarrer beerdigt. Im Anschluss bespricht die Familie Pauls Testament und akzeptiert dieses schriftlich, d.h. Elsa ist als Eigentümerin der Bilder akzeptiert.

- 31.8.1935: Das Bild *Madame Soler* kehrt von Buenos Aires nicht nach Berlin zurück, sondern geht direkt nach Luzern, was wir anhand persönlicher Angaben von Angela Rosengart gegenüber BSTGS wissen. Das Bild ist bereits im Besitz von Thannhauser/Rosengart. Mit diesem Datum gekauft von „GTB" (Galerie Thannhauser Berlin).
- Summe 18.000 sfr bzw. 22.000 Reichsmark wird als Schätzpreis festgelegt bei Verkauf nach Mendelssohn.
- 1935 Oktober: Thannhauser bietet Picasso *Madame Soler* zusammen mit vier anderen Werken von Picasso (*Bal au Mulin de la Galette, Portrait Angel Fernandez de Soto, Weibl. Kopf, Boy leading a Horse*) über Wildenstein Victor de Rothschild an. Die Preise liegen bei $13.200 für *Boy leading a horse* und $ 5000 für *Le Moulin de la Galette*.
- 1937: 17.6. Picassos *Madame Soler* geht von Luzern nach Paris.
- 1939ff: Ausfuhr von Picassos *Madame Soler* aus Paris nach New York durch Justin K. Thannhauser.
- 1940: Beschlagnahmung Justin Thannhauser in Paris. 200 leere Rahmen werden in der Wohnung vorgefunden.
- 1963: Stiftung Thannhauser an Guggenheim Museum New York.
- 1964: Ankauf von Picassos *Madame Soler* für DM 1,6 Millionen zusammen mit Edgar Degas' *Bildnis des Henri Rouart und sein Sohn Alexis* für 1,9 Millionen DM durch BSTGS in Kenntnis der Provenienz Mendelssohn bei Justin K. Thannhauser, New York. Im November 1964 stellte Halldor Soehner, Generaldirektor der Bayerischen Staatsgemäldesammlungen beim Bayerischen Staatsministerium für Unterricht und Kultus den Antrag auf Neuerwerbung für Picassos „Bildnis der Frau Soler" und das Gemälde von Degas „Bildnis des Henri und Alexis Rouart", Beide Gemälde seien keine Kunstmarkt Bilder. sondern stammten aus der berühmten Sammlung Thannhauser in New York, so heißt es im Schreiben. Betont wird die Tatsache, dass Thannhauser bereits in seiner Münchener und Berliner Zeit die Erwerbungen Hugo von Tschudis maßgeblich unterstützt habe und nun trotz seines leidvollen Schicksals bereit sei, sich seiner Heimatstadt zu erinnern und zwei seiner Gemälde den Münchner Staatsgemäldesammlungen zu verkaufen. Der Antrag wurde positiv beschieden und die Erwerbungen wurden unter großer Teilnahme der Öffentlichkeit und der Medien in

die Staatsgemäldesammlungen eingegliedert. Es war die erste Erwerbung eines Werkes von Picasso für die Bayerischen Staatsgemäldesammlungen. Justin Thannhauser, der die BSTGS eigenhändig über die Provenienz des Bildes aus der Sammlung von PM-B unterrichtet hat, betrat nie wieder deutschen Boden.

II. Preise für Werke von Picasso:

1929 (Weltwirtschaftskrise!)
1710 Mark für Picasso *Damenporträt*, LW, 100:72,5 cm, American Art Galleries, 16.4.1929, Nr. 435 Davies

1935
$ 7200,– bzw. 1468,79 Pfund bzw. 108.000 FF bzw. 18.000 RM. bzw. 22.000 SFrcs für Picasso *Madame Soler* (Neue Pinakothek)

1936
$ 6000 (90.000 FF) für Picasso *Porträt Angel Fernandez de Soto* (A. Lloyd Webber Foundation)

1937
68 Pfund 5 Schilling für Picasso *Femme assise sur un canapé rouge*, 11,5:8 inches Rosenberg
89 Pfund 5 Schilling für Picasso *Tete d'Arlequin*, 1923, 17¾:14½ inches Knoedler

1939 (Fischer Luzern Entartete Kunst)
FF 36.000 für Picasso *Familienbild*, 150:200 cm
FF 90.000 für Picasso *Zwei Harlekine*, 106:76 cm
FF 42.000 für Picasso *Absinthtrinkerin*
FF 8000 für Picasso *Frauenkopf*

1940
FF 41.000 für Picasso *Athlet*, 92:73 cm
FF 26.000 für Picasso *Guitarre*, 64:92 cm

III. Zur finanziellen Situation von Paul und Elsa von Mendelssohn-Bartholdy 1934/35

- Oktober 1934: Paul und Elsa kaufen ein Landhaus in Miesbach am Tegernsee, Kaufpreis 95.000 Goldmark.
- Anfang November 1934: PM-B lässt Grundschuld mit vier Prozent jährlich über 900.000 RM auf die Sommerresidenz Börnicke und über 600.000 RM für das Anwesen in der Alsenstraße in das Grundbuch eintragen.
- Ende November 1934: PM-B überträgt die Grundschuldeinträge an die Bank Mendelssohn und Co, die nun Gläubigerin ist.
- Das Testament von 1935 konstatiert einen Gesamtwert von 1.700.000 RM für den Besitz von PM-B, ohne die vierzig an Elsa überschriebenen Kunstwerke und andere ihr vorab übertragene Werte.
- 1935 sind Paul und Elsa von Mendelssohn-Bartholdy Eigentümer von Schloß Börnicke in Bernau bei Berlin, des Stadtsitzes in der Alsenstraße in Berlin und des Gartenhauses im Schloßpark Bellevue in Berlin.

Das zusammenfassende Ergebnis dieser Recherchen ist, dass es keinen Zusammenhang zwischen dem Verkauf des Kunstwerkes und der Verfolgung von Paul von Mendelssohn-Bartholdy durch das nationalsozialistische Regime gibt. Die Argumentation Ihrer Mandantschaft widerspricht den oben dargestellten Fakten und geht von nicht weiter belegten Annahmen aus. Im Vergleich mit anderen Provenienzfällen ist die Argumentation Ihrer Mandantschaft historisch nicht überzeugend.

Unter Berücksichtigung der Washingtoner Erklärung ist festzustellen, dass das Bild nicht von den Nationalsozialisten beschlagnahmt wurde.

Der Bildverkauf fand statt zwischen dem 7. Juli 1934 und dem 31. August 1935 und erfolgte von Paul von Mendelssohn-Bartholdy an Justin Thannhauser. Wir gehen davon aus, dass Elsa von Mendelssohn-Bartholdy nicht als Verkäuferin anzusehen ist, auch wenn sie laut Testament die Eigentümerin der Bilder war und der auf 31.8.1935 datierte Eintrag im Lagerbuch von Thannhauser dies zunächst nahe legt. Der Verkauf ist nicht Finanznöten geschuldet und findet nicht unter Druck statt.

Es ist weiterhin davon auszugehen, dass die Verkaufssumme von Thannhauser ordnungsgemäß an PM-B gezahlt wurde. Einen gegenteiligen Beweis konnten weder Ihre noch unsere Recherchen erbringen. Die erzielte Summe ist nicht bekannt, der für den Verkauf nach Mendelssohn festgelegte Preis war angemessen (siehe die Angaben zu 18.000 SFr bzw.

20.000 RM) und so ging das Bild aus der Hand des jüdischen Sammlers Paul von Mendelssohn-Bartholdy an den jüdischen Kunsthändler Justin Thannhauser.

Paul von Mendelssohn-Bartholdy verkaufte zwischen 1934 und 1935 sechzehn Kunstwerke aus seiner circa 60 Werke umfassenden Sammlung. Eine Auflösung der Kunstsammlung Paul von Mendelssohn-Bartholdy, wie von Ihnen dargestellt, können wir aus unserer Sicht nicht bestätigen. Weder Paul noch Elsa von Mendelssohn-Bartholdy waren gezwungen, Reichsfluchtsteuer oder Judenvermögensabgabe zu leisten. Die Bildverkäufe waren also nicht durch finanzielle Notlagen motiviert.

Das Bild *Madame Soler* verließ wie der Degas (BSTGS Inv.Nr. 13681) Deutschland über Buenos Aires, wo die Galerie Mueller 1934 Ausstellungen zum Werk von Picasso und Degas zeigte. Während der Picasso dann über Luzern und Paris von Thannhauser für New York gesichert wurde, reiste der Degas über London und Paris nach New York. Die Galerie Müller in Buenos Aires hatte für Thannhauser große Bedeutung bei der Verlagerung seines Kunstbesitzes ins Ausland. 1939 ließ er einen großen Teil der heutigen Guggenheim Bilder aus Paris nach Buenos Aires versenden. Die hier in Rede stehenden Bilder konnten zwischen März 1933 und Oktober 1934 ungehindert Deutschland verlassen und trafen spätestens im Oktober 1934 in Buenos Aires ein.

Die anlässlich des New Yorker Verfahrens von Julius Schoeps und Byrne Goldenberg & Hamilton geäusserte Auffassung, Thannhauser habe sich an Mendelssohn-Bartholdy bereichert bzw. diesen betrogen, lässt sich nach unseren Erkenntnissen durch nichts belegen und ist daher eher spekulativ wertenden Charakters. Dies bestätigt auch Prof. Herzog vom ZADIK in Köln, Verwalter des Thannhauser Archivs. Zwischen Paul von Mendelssohn-Bartholdy und Thannhauser bestand seit langem eine gute geschäftliche Beziehung.

Der 1964 erfolgte Ankauf der BSTGS bei Thannhauser thematisiert die Provenienz Thannhauser. Hierbei wird in den Medien wie auch Anträgen zum Erwerb betont, dass ein aus Deutschland vertriebener Jude, der in die USA emigrieren musste, wohlwollend zwei Bilder an ein Münchner Museum verkauft und damit nach Deutschland zurückbringt. Thannhauser zahlte 1936 Reichsfluchtsteuer und 1939 Judenvermögensabgabe. Bei seiner Ausreise 1937 nach Paris wurden die Umzugscontainer in Berlin festgehalten, 1942 wurde sein Besitz in Paris vom EER und mit der sog. Möbelaktion beschlagnahmt. Justin Thannhauser stellte nach dem Krieg umfangreiche Restitutionsanträge in Westdeutschland.

Das *Bildnis der Madame Soler* von Picasso blieb in Thannhausers privater Sammlung, war dort für alle Besucher sichtbar und ist durch Fotos der Innenräume dokumentiert. Thannhausers Wohnung in New York war illustren Gästen und Kunstfreunden aus aller Welt zugänglich.

Grundsätzliches Bewusstsein für jüdische Provenienz auf Seiten der BSTGS war also eindeutig gegeben. Gleichzeitig bestehen für den damaligen Generaldirektor Soehner keine Zweifel, dass der Verkauf von PM-B an Thannhauser rechtmäßig erfolgte. Thannhauser selbst teilt die Provenienz Mendelssohn den BSTGS mit, er sieht hier keinen Grund zur Verheimlichung.

Seit 1964 ist das Werk Eigentum der Bayerischen Staatsgemäldesammlungen (bis 2002 Haus der Kunst, bis 2008 Pinakothek der Moderne, seit 2008 Neue Pinakothek). Es wurde der Öffentlichkeit stets präsentiert und auf international bedeutenden Ausstellungen als Leihgabe gezeigt, zuletzt von Februar bis Mai 2005 im Guggenheim Museum in New York anlässlich der Ausstellung „Cezanne, Aufbruch in die Moderne".

Am 15.05.2007 erhielten die Bayerischen Staatsgemäldesammlungen ein Auskunftsersuchen der von Ihnen in Untervollmacht vertretenen Kanzlei Byrne Goldenberg & Hamilton für Julius H. Schoeps als Nacherbe einer der vier Schwestern von Paul von Mendelssohn-Bartholdy in Bezug auf Pablo Picasso *Madame Soler*, dem wir Folge leisteten. Julius H. Schoeps hat in Folge und bis heute nie Anspruch auf Picasso *Madame Soler* erhoben. Laut Auskunft des Bundesamtes für zentrale Dienste und offene Vermögensfragen vom 28.08.2008 an die BSTGS liegen bis zu diesem Zeitpunkt keine rückerstattungsrechtlichen Verfahrensakten zu Paul von Mendelssohn-Bartholdy und seinem Kunstbesitz, noch zu dem seiner beiden Ehefrauen Charlotte Mendelssohn-Bartholdy und Elsa Mendelssohn-Bartholdy vor.

Sehr geehrter Herr Dr. Bischof, wir stehen selbstverständlich für eine Diskussion der gegensätzlichen Standpunkte zur Verfügung, wie Sie dies gemeinsam mit Ihrem Kollegen John Byrne angeregt haben. Wie ich Ihnen bereits mitgeteilt habe, ergäbe sich hierfür am 27.04.2010 um 10.00 Uhr eine Möglichkeit. Sollte ich nichts Gegenteiliges mehr von Ihnen hören, gehe ich davon aus, dass Sie diesen Termin wahrnehmen können und wir uns hier in der Neuen Pinakothek in München zusammenfinden werden.

***

Schriftliche Stellungnahme von Professor Dr. Julius H. Schoeps zu den vom „Ausschuss für Kultur und Medien“ des Deutschen Bundestages gestellten Leitfragen, 2. Dezember 2015

1. Wie bewerten Sie die Bilanz des seit einem Jahr bestehenden Deutschen Zentrums für Kulturgutverluste, insbesondere unter folgenden Aspekten

Das Deutsche Zentrum für Kulturgutverluste arbeitet seit einem Jahr. Mit der Konferenz „Neue Perspektiven der Provenienzforschung in Deutschland“, die letzten Freitag/Samstag im Berliner Jüdischen Museum stattfand, ist der Versuch einer ersten vorsichtigen Bilanz gewagt worden. Es ist zu hoffen, dass durch die Arbeit des im Aufbau befindlichen Zentrums künftig tatsächlich neue Perspektiven eröffnet werden.

a. Vernetzung der Aktivitäten von Bund und Ländern sowie öffentlicher und privater Einrichtungen/Akteure

Eine Vernetzung der Aktivitäten von Bund und Ländern in Sachen Kulturgüterverluste ist sicherlich notwendig. Inwieweit private Einrichtungen und Akteure an dieser Vernetzung partizipieren können, ist aus der Selbstdarstellung des Zentrums nicht wirklich ersichtlich. Erbenvertreter bzw. von diesen beauftragte Provenienzforscher und Anwaltskanzleien, die auf Recherchen angewiesen sind, um den Verbleib von Kunstwerken aus Familienbesitz zu dokumentieren, können zwar um „Beratung“ und „Unterstützung“ beim Zentrum nachsuchen, aber ob und unter welchen Bedingungen sie auch finanzielle Unterstützung für ihre Recherchen beantragen können, erschließt sich bisher aus der Aufgabenbeschreibung des Zentrums nicht. Staatsministerin Grütters hat, was als erfreulich gelten kann, angekündigt, dass Abhilfe geschaffen und demnächst dazu die entsprechenden Richtlinien veröffentlicht würden.

b. Stand der Provenienzforschung bei öffentlichen Museen und Sammlungen

Als geladener Sachverständiger zu dieser Anhörung bin ich der Ansicht, dass die Provenienzforschung grundsätzlich auf andere Füße gestellt werden sollte. Bisher haben nur etwa zehn Prozent der Museen in

Deutschland ihre Sammlungen erforscht und Kunstwerke, die als NS-Raubkunst identifiziert wurden, an die rechtmäßigen Besitzer übergeben. Hier besteht unmittelbarer Handlungsbedarf.

Vor allem, so meine ich, muss die Provenienzforschung unabhängiger als bisher organisiert und gestaltet werden. Und notwendig scheint es mir zu sein, bestimmte Transparenz-Standards zu gewährleisten. Diese lassen gegenwärtig sehr zu wünschen übrig.

Problematisch ist es nach meiner Ansicht auch, dass die gegenwärtig mit Provenienzarbeiten betrauten Wissenschaftler in der Regel von den Museen ausgewählt und beschäftigt werden, was, wie wir wissen, zu sehr problematischen Abhängigkeitsverhältnissen führen kann. Vor diesem Hintergrund ist deshalb die Schaffung einer unabhängigen Provenienzforschung notwendig. Sie darf keinesfalls, was mitunter bedauerlicherweise der Fall ist, interessengeleitet stattfinden.

Eine Alternative zu dem im Aufbau befindlichen Zentrum könnte deshalb sein, die mit Fördermitteln des Bundes bezahlten Provenienzforscher künftig nicht nur an Museen, sondern auch an Universitätsinstituten bzw. an unabhängigen wissenschaftlichen Einrichtungen anzubinden, oder, was auch möglich ist, diese in einem Pool in einer zentralen Forschungseinrichtung arbeiten zu lassen, sei es in Magdeburg oder sonst wo.

c. Zusammenwirken und Zusammenführung der Einrichtungen (Arbeitsstelle für Provenienzforschung am Institut für Museumsforschung der Staatlichen Museen zu Berlin/Stiftung Preußischer Kulturbesitz und der „Beratenden Kommission für die Rückgabe NS-verfolgungsbedingter entzogener Kulturgüter")

Das Zusammenwirken und das Zusammenführen von Einrichtungen, so es als sinnvoll erachtet wird, ist grundsätzlich immer zu begrüßen. Ob allerdings die gegenwärtige Konstruktion Deutsches Zentrum Kulturgutverluste die einzig akzeptable ist, darüber dürfte das letzte Wort noch nicht gesprochen sein. Die Zukunft wird es erweisen.

d. Förderung und Unterstützung wissenschaftlicher Provenienzforschung und der entsprechenden Ausbildung

Die Ausbildung von Provenienzforschern ist dringend erforderlich, allerdings sollte sie nicht allein kunsthistorischen Instituten überlassen werden, sondern sollte interdisziplinär organisiert werden. Es bietet sich Einrichtungen zu beauftragen, die in der Lage sind, einen solchen Studiengang zu organisieren, an dem neben Kunsthistorikern, auch Rechtshistoriker und gegebenenfalls auch Politikwissenschaftler beteiligt sein können.

Es gibt bereits vielversprechende Ansätze eine solche Ausbildung zu etablieren, so an der Universität in Magdeburg oder im FB Geschichts- und Kulturwissenschaften an der FU in Berlin. Der Bund wird, um diese Aktivitäten weiter zu unterstützen, wie das Uwe Schneede angekündigt hat, einen oder mehrere Stiftungslehrstühle bereitstellen. Einer von diesen könnte, was eine späte Wiedergutmachung wäre, zum Beispiel nach Alfred Flechtheim benannt werden.

e. Befassung mit der ebenfalls zum Auftrag der Stiftung gehörenden Problematik der sog. Beutekunst und der Kulturgutverluste während der sowjetischen Besatzung in der DDR
Dem Vernehmen nach wird die Befassung mit der Beutekunstproblematik eine der Aufgaben des Deutschen Zentrums Kulturgutverluste sein. Daneben sollten ebenfalls aber auch noch andere Fragen und Probleme nicht vergessen werden, wie beispielsweise die seiner Zeit durch die Behörden der DDR beschlagnahmten und auf dem internationalen Kunstmarkt verhökerten Kulturgüter. Ich darf hier auf die Potsdamer Erklärung vom 11. Juli 2011 verweisen, die auf der vom Moses Mendelssohn Zentrum organisierten Konferenz „Kunst gegen Valuta. Der staatliche Ausverkauf von Kunst und Antiquitäten zur Devisenbeschaffung“ verabschiedet wurde.

Damals wurde angeregt, zeitnah eine Untersuchungskommission einzurichten, welche das seinerzeitige Prozedere der Beschlagnahmungen, die ausgeübten Zwänge u. a. untersucht, zu dem Zweck, um konkrete Handlungsschritte zur Aufklärung und gegebenenfalls zur Restitution einzuleiten. Die Erklärung versehen mit Vorschlägen, wie weiter verfahren werden sollte, wurde seiner Zeit an den Beauftragten der Bundesregierung für Kultur und Medien weitergeleitet. Bedauerlicherweise sind die in der Erklärung gemachten Vorschläge nicht weiterverfolgt worden.

2. Wie bewerten Sie die Ergebnisse der Taskforce „Schwabinger Kunstfund“ und in welcher Form und in welchem Rahmen sollte der Auftrag bzw. die Arbeit fortgeführt werden?
Die Frage lässt sich faktisch nicht beantworten, da bisher kein Tätigkeitsbericht (jedenfalls ist dem Unterzeichner kein solcher bekannt!) vorliegt, auf den man Bezug nehmen könnte, um eine abschließende Bewertung vorzunehmen.

Den Medien ist zu entnehmen, dass bisher drei bzw. vier Kunstwerke aus der Gurlitt-Sammlung an Erben restituiert worden sind. Das ist erfreulich, aber ausgehend davon, dass ein Konvolut von 457 Arbeiten in der Sammlung (siehe Datenbank Lost Art Register) unter Raubkunstverdacht steht, ist das Ergebnis ausgesprochen mager und alles andere als zufriedenstellend.

Die Recherchen zur Gurlitt-Sammlung sollen künftig, wie Staatsministerin Grütters auf der zu Ende gegangenen Konferenz im Jüdischen Museum verkündet hat, in der Trägerschaft des Deutschen Zentrums Kulturgutverluste fortgeführt werden. Es bleibt zu hoffen, dass dann weitere Ergebnisse vorgelegt werden können. Und zwar nicht irgendwann, sondern baldmöglichst. Die Zeit drängt. Ich darf daran erinnern, dass die Erben wegsterben und es immer schwieriger wird, ein Kunstwerk zu restituieren.

Ich darf des Weiteren daran erinnern, dass die politisch Verantwortlichen sich seiner Zeit verpflichtet haben, für „faire und gerechte Lösungen" (Washingtoner Erklärung) zu sorgen. Im Fall der Gurlitt-Sammlung setzt das, wie schon gesagt, nicht nur den Willen, sondern auch eine schnelle Bearbeitung und ein Höchstmaß an Transparenz voraus.

3. Welchen gesetzlichen Handlungsbedarf sehen Sie bei der Regelung von Herausgabeansprüchen und Verjährung? Wie beurteilen Sie Überlegungen für die Einführung einer Beweislastumkehr und für einen gesetzlichen Anspruch auf angemessene staatliche Ausgleichszahlung?
Deutschland benötigt, ähnlich dem österreichischen Vorbild, ein verbindliches Restitutionsgesetz. In diesem Gesetz sollte nicht nur der gut- bzw. bösgläubige Erwerb von Raubkunst, sondern ebenso die Verjährungsfrist auf den Prüfstand gestellt und klärend thematisiert werden. Beides, die Umstände des Erwerbs bzw. die Verjährungsfrist, ist ein schwer zu überwindendes Hindernis bei der Rückgabe von verfolgungsbedingt entzogenen Kunstwerken. Die Beweislastumkehr sollte gesetzlich geregelt werden. Konkret bedeutet das, dass nicht die Erben, sondern die Museen bei den in ihrem Besitz befindlichen Kunstwerken den lückenlosen Provenienznachweis zu führen haben.

Dem Vernehmen nach wird gegenwärtig im Bundesministerium der Justiz an einem „Gesetz zur erleichterten Durchsetzung der Rückgabe von abhandengekommenem Kulturgut" gearbeitet. Diese Initiative, die zweifellos auf Kritik wie auf Zustimmung stoßen wird, ist sinnvoll und zu unterstützen. Das geplante Gesetz sollte möglichst umgehend beraten und verabschiedet werden und infolgedessen in Kraft treten.

4. Welche Möglichkeiten sehen Sie für eine Verbesserung der Rückerstattung bzw. Restitution von NS-verfolgungsbedingt entzogenem oder abhandengekommenen Kulturgut?

Notwendig ist neben der Schaffung von gesetzlichen Grundlagen, eine schnellere Bearbeitung und eine höchstmögliche Transparenz bei streitigen Rückgabefällen – und, nicht zu vergessen, eine deutlicher als bisher zu erkennende Bereitschaft, gegebenenfalls NS-verfolgungsbedingt entzogenes oder abhandengekommenes Kulturgut, das insbesondere aus jüdischem Besitz stammt, an die Erben, sprich die rechtmäßigen Besitzer, zu restituieren. Ein Feld, das bisher in diesem Zusammenhang überhaupt noch nicht ins Blickfeld gerückt ist, sind die Kirchen und kirchlichen Einrichtungen, in denen sich NS-Raubkunst befindet. Es wäre wünschenswert, dass das im Aufbau befindliche Zentrum sich auch dieses Problems annimmt.

5. Wie bewerten Sie die im Gesetzentwurf der Bundesregierung zum Kulturgüterschutzgesetz enthaltenen Regelungen hinsichtlich erhöhter Sorgfaltspflichten für verfolgungs- bedingt entzogene Kulturgüter und der Löschung der Eintragung in ein Verzeichnis national wertvollen Kulturgutes?

Der Gesetzentwurf, der mittlerweile das Kabinett passiert hat, ist zu begrüßen, auch wenn in einigen Punkten durchaus noch Unklarheiten bestehen. So löste u. a. Bedenken aus, dass es Fälle gibt, in denen NS-verfolgungsbedingt entzogene Kunstgegenstände im Verlauf eines Rückgabeverfahrens zu „national wertvollem Kulturgut" erklärt worden sind (so z. B. im Verfahren „Welfenschatz"), was im Falle einer eventuell möglichen Rückgabe die Ausfuhr aus Deutschland erschwert oder unmöglich macht. Dass diese Problematik bei dem in der Beratung befindlichem Kulturgutschutzgesetz Berücksichtigung finden soll, macht bestimmte Bedenken zwar nicht gegenstandslos, dürfte aber ein wichtiger Schritt sein, die Restitutionspraxis in Deutschland glaubwürdiger zu gestalten.

***

Kleine Anfrage der Abgeordneten Brigitte Freihold, Jan Korte, Ulla Jelpke, Dr. Petra Sitte u. a. und der Fraktion DIE LINKE vom 2. April 2019. BT-Drucksache 19/8874

Vorbemerkung der Fragesteller:
Am 20. Februar 2019 fand im Deutschen Bundestag eine öffentliche Anhörung des Ausschusses für Kultur und Medien zur wirksameren Aufarbeitung der NS-Raubkunst (vgl. Bundestagsdrucksache 19/5423, www.bundestag.de/dokumente/textarchiv/2019/kw08-pa-kultur-medien-591372) statt, an der Prof. Dr. Gilbert Lupfer vom Deutschen Zentrum Kulturgutverluste (DZK), Dr. Agnes Peresztegi von der Commission for Art Recovery, New York (USA) sowie Prof. Dr. Wolf Tegethoff von der Beratenden Kommission für die Rückgabe NS-verfolgungsbedingt entzogener Kulturgüter, insbesondere aus jüdischem Besitz als Sachverständige teilnahmen.

Die Bundesregierung wurde bei der Anhörung durch Kulturstaatsministerin Prof. Monika Grütters (CDU) vertreten. Nahezu zeitgleich erschien in der „Süddeutschen Zeitung" ein Gespräch mit Prof. Dr. Dres. h. c. Hans-Jürgen Papier, dem ehemaligen Präsidenten des Bundesverfassungsgerichts und gegenwärtigen Vorsitzenden der „Beratenden Kommission im Zusammenhang mit der Rückgabe NS-verfolgungsbedingt entzogener Kulturgüter, insbesondere aus jüdischem Besitz", der die Abschaffung, der eigenen Kommission gefordert hat (www.sueddeutsche.de/kultur/limbach-kommission-raubkunst1.4336496?reduced=true). Die Beratende Kommission wurde im Jahre 2003 als Folge der Washingtoner Konferenz von 1998 errichtet.

Deutschland hat sich zu deren Umsetzung im Sinne einer historischen und moralischen Selbstverpflichtung bekannt und sich der „Gemeinsamen Erklärung" der Bundesregierung, der Länder und der kommunalen Spitzenverbände zur Auffindung und Rückgabe NS-verfolgungsbedingt entzogenen Kulturguts aus dem Jahre 1999 verpflichtet. In dem Zusammenhang muss hervorgehoben werden, dass der Tatbestand des Kunstraubs als Kriegsverbrechen bereits beim Nürnberger Prozess gegen die Hauptkriegsverbrecher verfolgt wurde und in dessen Rechtsprechung auch als ein Verbrechen gegen die Menschlichkeit qualifiziert wurde (IMT Vol. XXII, S. 486, 540).

Die Rückgabe und Entschädigung der ursprünglichen Eigentümerinnen und Eigentümer bzw. deren Erben stellt somit keinesfalls lediglich eine ethisch-moralische Selbstverpflichtung dar, sondern erlangt auch im Zusammenhang mit der eigentumsrechtlichen Schutzgarantie von Artikel 1 des Zusatzprotokolls zur Europäischen Menschenrechtskonvention (EMRK) eine übergeordnete Bedeutung. Das Deutsche Zentrum für Kulturgutverluste (DZK), welches die Beratende Kommission als Geschäftsstelle für organisatorische Aufgaben unterstützt, wurde am 1. Januar 2015 von Bund, Ländern und kommunalen Spitzenverbänden als rechtsfähige Stiftung des bürgerlichen Rechts zur Förderung von Kunst und Kultur, Wissenschaft und Forschung im Hinblick auf Kulturgutverluste gegründet.

Gemäß der Satzung des DZK setzt sich dieses aus einem Stiftungsrat, einem Vorstand und einem Kuratorium als beratendem Gremium zusammen. Den Vorsitz im Stiftungsrat nimmt ein Vertreter der Beauftragten der Bundesregierung für Kultur und Medien, die Stellvertretung im Stiftungsratsvorsitz ein Vertreter der Länder wahr. Das Kuratorium besteht aus Persönlichkeiten, die vom Stiftungsrat berufen werden. Die Beauftragte der Bundesregierung für Kultur und Medien beruft im Einvernehmen mit der Kultusministerkonferenz und den kommunalen Spitzenverbänden auch die Mitglieder der Beratenden Kommission. Während der Anhörung im Ausschuss für Kultur und Medien wurden fehlende, gesetzlich geregelte Verfahren zur Rückerstattung bzw. Entschädigung für NS-verfolgungsbedingt entzogenes Eigentum bemängelt.

Nach Ansicht der Fragestellerinnen und Fragesteller sind die Hürden für eine Antragstellung durch NS-Verfolgte oder ihre Erben zu hoch. Diesen wird die Beweislast gegenüber der über das Kulturgut verfügenden Einrichtung aufgebürdet (so in § 3 Absatz 2 der Verfahrensordnung der Beratenden Kommission) – eine Hürde, die viele Antragsstellerinnen und Antragssteller nicht nehmen können. Im Hinblick auf das sog. Vorverfahren ist zudem unklar, nach welchen Kriterien die Kommission in „geeigneten Fällen“ auf eine gütliche Einigung hinwirkt (vgl. § 4 Absatz 3 der Verfahrensordnung).

Eine Frist von vier Wochen vor der Anhörung, in der der Kommission alle relevanten Dokumente zugeliefert werden sollen (siehe § 4 Absatz 6 der Verfahrensordnung), scheint zu knapp bemessen. Unklar sind auch die Kriterien, nach welchen die Kommission eine Erlaubnis erteilt, Drittparteien anzuhören (siehe § 4 Absatz 7 der Verfahrensordnung) oder „entscheidungserhebliche“ Dokumente für die Anhörung zulässt (siehe § 5 Absatz 6 der Verfahrensordnung). Fraglich erscheint aus der Sicht der Fragestellerinnen und Fragesteller, insbesondere angesichts der besonderen gesellschaftlichen Tragweite und Bedeutung der Wiedergutmachung des staatlich geplanten Massenraubmords, auch die Tatsache, dass die Kommission ihre Beschlüsse mit einer Zweitdrittelmehrheit (bereits bei Anwesenheit der Mehrheit der Mitglieder gemäß § 2 Absatz 4 der Verfahrensordnung) fassen darf.

Die Verfahrensordnung weist aus Sicht der Fragesteller zudem Widersprüche auf, da materielle und prozessuale Maßstäbe vermischt werden. So statuiert die Verfahrensordnung einerseits in § 1 Absatz 2, dass Empfehlungen der Kommission auch moralisch-ethisch begründet werden können, zugleich legt sie jedoch in § 6 Absatz 3 als Maßstab der Erörterungen und Empfehlungen der Kommission international anerkannte Grundsätze wie die Washingtoner Erklärung von 1998 und die Theresienstädter Erklärung von 2009 sowie die deutsche „Gemeinsame Erklärung" von 1999 und die „Handreichung" von 2001 fest. Insofern ist nach Ansicht der Fragesteller unklar, ob die Beratende Kommission eine volle Mediations-Stelle oder ein halbes Schiedsgericht darstellt.

Private Sammler stehen offenbar unter besonderem Schutz – sie können sich lediglich selbst verpflichten. In diesem Sinne äußert sich auch der gegenwärtige Vorsitzende der Beratenden Kommission, Prof. Dr. Dres. h. c. Hans-Jürgen Papier in der „Süddeutschen Zeitung". Die Verfahrensordnung gibt zudem keine Auskunft über abgelehnte Fälle. Dadurch kann keine Transparenz über die Gründe der Ablehnung hergestellt werden.

Die Bundesregierung hat die Verfahrensordnung erst 13 Jahre nach Einrichtung der Kommission freigegeben. In der Vergangenheit ist es immer wieder zu Kritik im In- und Ausland an der Arbeit der Beratenden Kommission gekommen (vgl. www.juedische-allgemeine. de/allgemein/dieses-verhalten-ist-unverantwortlich/). So wurde, der Beratenden Kommission u. a. fehlende Unabhängigkeit vorgeworfen, da das Deutsche Zentrum für Kulturgutverluste einerseits über die Zulässigkeit von Anträgen auf Schlichtung vor der Kommission entscheidet, anderseits über Förderung der Provenienzforschung (vgl.www.welt.de/kultur/kunst/article173179961/RaubkunstRonald-S-Lauders-Appell-an-Deutschland.html; Matthias Weller, Gedanken zur Reform der Limbach-Kommission, KUR 5/6 (2017); www.zeit.de/kultur/kunst/2017-11/gurlitt-sammlung-ns-raubkunst-ausstellungen-ronald-lauder).

Während der Anhörung mahnte die Sachverständige der Commission for Art Recovery (CAR) an, dass Voraussetzungen geschaffen werden müssen, die Kommission transparent und effektiv zu gestalten, damit sich die Opfer von NS-Raubkunst und ihre Erben an sie wenden können. Während der Anhörung wurde von Regierungsseite die Einschätzung zurückgewiesen, dass immer noch Tausende Werke im Besitz von öffentlichen Einrichtungen unter dem Verdacht stehen, eine NS-verfolgungsbedingt entzogene Herkunft zu haben. Dafür wurden jedoch keine Quellen genannt. Eine umfassende Digitalisierung von Inventarlisten von Museen und Depots sowie Informationen zu Beständen und Beschaffungsvorgängen ist nach Ansicht der Fragestellerinnen und Fragesteller nur unzureichend umgesetzt, obwohl erst dies die Provenienz und Rückerstattung im Sinne der Washingtoner Prinzipien gewährleisten würde.

Antwort der Bundesregierung vom 10. Mai 2019 auf die „Kleine Anfrage" der Abgeordneten Brigitte Freihold und weiterer Abgeordneter der Bundestagsfraktion DIE LINKE.

Die 50 gestellten Fragen der Antragsteller der Fraktion „Die Linke" sind von der Bundesregierung am 10. Mai 2019 beantwortet worden (BT-Drucksache 19/10058). Die Fragen der Antragsteller sind kursiv gesetzt:

Vorbemerkung der Bundesregierung

Bei heutigen Einzelfallprüfungen von Rückgabeersuchen sind oftmals komplexe juristische, ethisch-moralische und historische Aspekte zu berücksichtigen, um individuell gerechte und faire Lösungen im Sinne der Washingtoner Prinzipien zu finden. Deshalb und entsprechend deren Aufruf in ihrem letzten Punkt zur „Einrichtung alternativer Mechanismen zur Klärung strittiger Eigentumsfragen" haben sich Bund, Länder und kommunale Spitzenverbände im Jahr 2003 auf die Bildung einer unabhängigen „Beratenden Kommission" im Zusammenhang mit Rückgabeentscheidungen über Kulturgüter geeinigt. Gemäß der „Absprache zwischen Bund, Ländern und kommunalen Spitzenverbänden zur Einsetzung einer Beratenden Kommission im Zusammenhang mit der Rückgabe NS-verfolgungsbedingt entzogenen Kulturguts, insbesondere aus jüdischem Besitz" soll die Kommission bei Meinungsverschiedenheiten zwischen den über das Kulturgut Verfügenden und den ehemaligen Eigentümern der Kulturgüter bzw. deren Erben eine Mediatorenrolle übernehmen, wenn dies von beiden Seiten gewünscht wird.

Im Ergebnis ihrer Tätigkeit soll die Kommission Empfehlungen aussprechen. Sie legt ihre Verfahrensordnung selbst fest. Die Beratende Kommission ist ein Angebot, wenn eine Verständigung sonst nicht erreichbar ist. Seit Erklärung der Washingtoner Prinzipien im Jahr 1998 wurden bis September 2018 in Deutschland – soweit überhaupt bekannt – mehr als 5 700 Kulturgüter restituiert. Hinzu kommen weit mehr als 11 000 Bücher und anderes Bibliotheksgut. Durch föderale Zuständigkeiten und weil Restitutionen in Deutschland nicht zentral erfasst werden, sind diese Zahlen unvollständig. Es wird jedoch deutlich, dass viele Institutionen in Deutschland ihre Verantwortung umfangreich wahrnehmen und auch ohne Vermittlung Außenstehender gerechte und faire Lösungen erreichen.

Die Bundesregierung macht darauf aufmerksam, dass die Ausführung in der Vorbemerkung der Antragsteller, dass das Deutsche Zentrum Kulturgutverluste „über die Zulässigkeit von Anträgen auf Schlichtung vor der Kommission entscheidet", sachlich falsch ist. Die Entscheidung über die Zulässigkeit von Anträgen obliegt der Beratenden Kommission, siehe auch § 3 Absatz 3 der Verfahrensordnung. Gemäß Nummer 5 der „Absprache zwischen Bund, Ländern und kommunalen Spitzenverbänden zur Einsetzung einer Beratenden Kommission im Zusammenhang mit der Rückgabe NS-verfolgungsbedingt entzogenen Kulturguts, insbesondere aus jüdischem Besitz" unterstützt die Stiftung Deutsches Zentrum Kulturgutverluste die Beratende Kommission als Geschäftsstelle für organisatorische Aufgaben.

Verfahrensordnung

1. Stellt nach Auffassung der Bundesregierung die Beratende Kommission eine Mediationsstelle oder ein Schiedsgericht dar?

Zur Umsetzung der Washingtoner Prinzipien und der Gemeinsamen Erklärung schufen Bund, Länder und Kommunen im Jahr 2003 die Beratende Kommission. Diese wirkt – als Mediationsstelle – bei Anrufung auf eine gütliche Einigung zur Beilegung des Streits hin und kann Empfehlungen aussprechen. Damit ist sie – im Sinne der Washingtoner Prinzipien – ein „alternativer Mechanismus zur Klärung strittiger Eigentumsfragen".

2. *Welche Auffassung vertritt die Bundesregierung hinsichtlich der Bindungswirkung und der Werte-Hierarchie der Maßstäbe und Kriterien aus § 1 Absatz 2 der Verfahrensordnung (Empfehlungen können auch moralischethisch begründet werden) sowie § 6 Absatz 3 (Maßstab der Erörterungen und Empfehlungen der Kommission sind international anerkannte Grundsätze wie die Washingtoner Erklärung von 1998 und die Theresienstädter Erklärung von 2009 sowie die deutsche Gemeinsame Erklärung von 1999 und die „Handreichung" von 2001 zu deren Umsetzung in ihrer jeweils geltenden Fassung) für Erörterungen und Empfehlungen in der Verfahrensordnung der Beratenden Kommission?*

Die Prinzipien der Washingtoner Erklärung von 1999, die in der Theresienstädter Erklärung von 2009 bekräftigt wurden, rufen die Unterzeichnerstaaten auf, die notwendigen Schritte zu unternehmen, um „gerechte und faire Lösungen" zu finden und dazu „alternative Mechanismen zur Klärung strittiger Eigentumsfragen" einzurichten. Eingeschlossen sind damit moralisch-ethische Maßstäbe.

Die Gemeinsame Erklärung vom Jahr 1999 sowie die Handreichung zu deren Umsetzung vom Jahr 2001 als auch die Einrichtung der Beratenden

Kommission im Jahr 2003 aufgrund der „Absprache zwischen Bund, Ländern und kommunalen Spitzenverbänden zur Einsetzung einer Beratenden Kommission im Zusammenhang mit der Rückgabe NS-verfolgungsbedingt entzogenen Kulturguts, insbesondere aus jüdischem Besitz", dienen der Umsetzung der Washingtoner Erklärung.

Das Verwaltungsgericht Magdeburg hat es in dem von den Fragestellern angeführten Urteil (VG Magdeburg, Urteil vom 31. März 2015 – 6 A 81/15 –, Rn. 37, juris) wie folgt beschrieben: „Die Empfehlungen der Beratenden Kommission basieren auf ethischen Abwägungsentscheidungen, denen moralische Erwägungen zugrunde liegen. Rechtsnormen stellen damit keine verbindliche Grundlage für die Entscheidungen der Beratenden Kommission dar. Zwar mögen Rechtsnormen oder die ihnen zugrundeliegenden Werturteile in die Abwägung einfließen. Maßgeblich ist jedoch, dass das (öffentliche) Recht die Abwägungsentscheidungen und die darauf beruhenden Empfehlungen nicht präjudiziert, sondern nur insoweit in die Abwägung einfließt, wie die Beratende Kommission dies aus ethischen Gründen für angemessen hält."

3. Welche Rechtsqualität besitzen nach Auffassung der Bundesregierung die Empfehlungen und Beschlüsse der Beratenden Kommission angesichts der Bestimmung aus § 3 Absatz 1 der Verfahrensordnung, nach welcher die bindende Unterwerfung beider Seiten unter die zukünftige Beschlussfassung bereits als Voraussetzung für das Tätigwerden der Kommission gilt?

Die Empfehlungen der Beratenden Kommission sind rechtlich unverbindlich. Im Gegensatz zu Streitigkeiten vor Gerichten setzen alternative Streitschlichtungs- bzw. Streitbeilegungsorgane die vorherige Zustimmung der Beteiligten wesensimmanent voraus, unabhängig, ob das Ergebnis grundsätzlich bindend ist wie im Fall eines Schiedsverfahrens oder grundsätzlich unverbindlich wie im Fall einer Mediation.

4. Auf wessen Empfehlung wurde § 3 Absatz 1 der Verfahrensordnung eingeführt bzw. initiiert, und welche Stellen waren im Vorfeld an der Einführung wann beteiligt (bitte ausführlich nach Datum, beteiligten Stellen oder Personen, der Art bzw. Form der Behandlung dieses Themas sowie deren Inhalt erläutern und falls zutreffend die eingeholten Rechtsgutachten oder Stellungnahmen unter Nennung der zuständigen Stellen oder Personen sowie Inhalten nach Datum auflisten)

Gemäß Nummer 4 der Absprache obliegt es der Beratenden Kommission, sich eine Verfahrensordnung zu geben. Die derzeit gültige Fassung der Verfahrensordnung wurde im Einvernehmen mit der Beauftragten der Bundesregierung für Kultur und Medien, den Ländern und den kommunalen Spitzenverbänden von der Beratenden Kommission beschlossen.

5. Auf Grundlage welcher rechtlicher Bestimmungen der Verfahrensordnung der Beratenden Kommission vertritt die Bundesregierung die Auffassung (www.bundestag.de/dokumente/textarchiv/2019/kw08-pa-kulturmedien-591372, Stellungnahme Kulturstaatsministerin Grütters, Min. 01:21:00), dass eine einseitige Anrufbarkeit der Mediationsstelle von anspruchsberechtigter Seite, angesichts der Definition ihres Mandates in § 1 Absatz 2 der Verfahrensordnung, gegen Artikel 92 des Grundgesetzes (GG) verstoßen könnte (bitte ausführlich rechtlich begründen und falls zutreffend unter Heranziehung der Inhalte von Stellungnahmen bzw. Prüfungen, die hierfür eingeholt wurden, nach Datum, Urheber und auftraggebender Stelle erläutern)?

Nach Nummer 1 der Absprache als auch nach § 3 Absatz 1 der Verfahrensordnung wird die Beratende Kommission tätig, sofern sowohl der Anspruchsteller als auch die über das Kulturgut verfügende Stelle eine Mediation wünschen. Aufgabe der Kommission ist es, als „alternativer Mechanismus zur Klärung strittiger Eigentumsfragen" im Sinne der Washingtoner Prinzipien zu wirken. Sofern die Möglichkeit der „einseitigen Anrufung" durch die Anspruchsteller bedeutet, dass die kulturgutbewahrende Einrichtung zur Mitwirkung an dem Verfahren verpflichtet wird und der ausgesprochenen Empfehlung Folge leisten muss, entfaltet die Empfehlung der Kommission Rechtswirkung. Darin könnte ein Verstoß gegen Artikel 92 GG liegen.

6. Vertritt die Bundesregierung die Auffassung, dass es nicht mit Grundsätzen der allgemeinen Logik vereinbar ist, die Verbindlichkeit der Beschlüsse der Beratenden Kommission als Grund gegen eine einseitige Anrufbarkeit der Kommission von anspruchsberechtigter Seite anzugeben, weil dadurch das Verfahren vor der Beratenden Kommission einem Gerichtsverfahren gleichkäme und gegen das Rechtsprechungsmonopol der Richter und Gerichte (Artikel 92 GG) verstoßen könnte (vgl. die Antwort der Bundesregierung zu Frage 27 der Kleinen Anfrage auf Bundestagsdrucksache 19/6921) und gleichzeitig die Tätigkeit der Beratenden Kommission, im Sinne von § 1 Absatz 2 (Mandat) lediglich als „Mediatorin zwischen den

Parteien [die] zu jedem Zeitpunkt des Verfahrens auf eine gütliche Einigung hin[wirkt]" zu definieren, welche gerade keine rechtsverbindlichen Entscheidungen treffen kann (bitte ausführlich begründen)?

7. Widerspricht es nach Auffassung der Bundesregierung nicht dem Charakter der Kommission als Mediationsgremium, wenn sich beide Seiten der sogenannten Empfehlung unterwerfen müssen, während es nach einer gescheiterten Mediation in der Regel möglich ist, dass sich beide Parteien an die Gerichte wenden können (vgl. auch die Aussage von Kulturstaatsministerin Prof. Monika Grütters während der Anhörung, „es könne niemand daran gehindert werden, zu Gericht zu gehen")?

8. Vertritt die Bundesregierung die Auffassung, dass die Kommission durch das im Jahre 2016 neu eingefügte Unterwerfungserfordernis den Charakter eines Schiedsgerichts erhalten habe, weil die „Empfehlung" durch die Unterwerfung als verbindlich konstruiert wird und dem Antragsteller in einem späteren Gerichtsverfahren entgegengehalten werden könnte?

9. Teilt die Bundesregierung die Auffassung, die von Prof. Dr. Wolf Tegethoff während der Anhörung geäußert wurde, nach der die Unterwerfungserklärung keine rechtlichen Auswirkungen habe („und darum das Papier nicht wert sei, auf dem sie erklärt werde"), obwohl die Verfahrensordnung die Beschlüsse zugleich in § 3 Absatz 1 der Verfahrensordnung als „bindend" definiert?

10. Teilt die Bundesregierung die Auffassung von Prof. Dr. Wolf Tegethoff, dass das Unterwerfungserfordernis durch die Beratende Kommission aus der Verfahrensordnung gestrichen werden kann und sollte (bitte ausführlich begründen)?

Nach Ansicht der Bundesregierung statuiert § 3 Absatz 1 der Verfahrensordnung keine rechtliche Verpflichtung, eine Empfehlung der Kommission als verbindlich anzuerkennen. Im Übrigen wird auf die Antwort der Bundesregierung zu Frage 27 der Kleinen Anfrage der Fraktion DIE LINKE auf Bundestagsdrucksache 19/6921 verwiesen.

11. Welche Kenntnisse bzw. Hinweise hat die Bundesregierung in Zusammenhang mit der in Frage 10 gennannten Aussage im Hinblick auf die Einschätzungen der anderen Mitglieder der Kommission betreffend einer Streichung des Unterwerfungserfordernisses und welchen Handlungs-

bedarf schließt sie daraus, um faire und gerechte Lösungen im Sinne der Washingtoner Prinzipien zu gewährleisten?

Die Bundesregierung hat keine Kenntnisse zu den Einschätzungen der anderen Mitglieder der Beratenden Kommission.

Die Fragen 6 bis 10 werden aufgrund des Sachzusammenhangs gemeinsam beantwortet.

12. Teilt die Bundesregierung die Auffassung, dass das Rechtsprechungsmonopol der Gerichte aus Artikel 92 GG im Falle einer einseitigen Anrufbarkeit der Beratenden Kommission von anspruchsberechtigter Seite jedenfalls dann nicht verletzt werden kann, wenn das Unterwerfungserfordernis aus der Verfahrensordnung gestrichen würde (vgl. Urteil des Zweiten Senats des Bundesverfassungsgerichts vom 8. Februar 2001, Az.:2 BvF 1/00 , abrufbar unter: www.bundesverfassungsgericht.de/SharedDocs/Entscheidungen/DE/2001/02/fs20010208_2bvf000100.html, Rn. 112; bitte ausführlich rechtlich begründen)?

Es wird auf die Antwort zu den Fragen 6 bis 10 verwiesen.

13. Trifft es zu, dass die Möglichkeit einer einseitigen Anrufbarkeit der Beratenden Kommission von anspruchsberechtigter Seite nur durch eine Änderung der Vereinbarung zwischen der Bundesregierung, den Ländern (Kultusministerkonferenz) und den kommunalen Spitzenverbänden, auf der die Einrichtung der Kommission beruht, geändert werden kann, und was steht einer solchen Änderung entgegen (bitte ausführlich begründen)?

14. Welche Kenntnisse oder Hinweise sind der Bundesregierung bekannt, betreffend der Positionierung der Länder im Hinblick auf eine einseitige Anrufbarkeit der Beratenden Kommission von anspruchsberechtigter Seite, bzw. ist der Bundesregierung bekannt, welche Länder sich im Rahmen der Beratungen zur Reform im Jahre 2016 dafür bzw. dagegen ausgesprochen haben (bitte ausführlich erläutern)?

Die Fragen 13 und 14 werden aufgrund des Sachzusammenhanges gemeinsam beantwortet.

Mit der „Erklärung der Bundesregierung, der Länder und der kommunalen Spitzenverbände zur Auffindung und Rückgabe NS-verfolgungsbedingt entzogenen Kulturgutes, insbesondere aus jüdischem Besitz“ vom Dezember 1999 wurde ein politisch harmonisierter Ansatz zur Umsetzung der Washingtoner Prinzipien im Hinblick auf die föderale Struktur in Deutschland geschaffen. In der Folge haben Bund, Länder und kommunale Spitzenverbände sich im Jahr 2003 auf die Einrichtung einer „Beratenden Kommission" verständigt und dies in der Absprache niedergelegt. Diese Absprache kann nur einvernehmlich zwischen Bund, Ländern und kommunalen Spitzenverbänden geändert werden.

Arbeitsweise

15. Welche Auffassung vertritt die Bundesregierung angesichts der Äußerung des Präsidenten des World Jewish Congress, Ronald S. Lauder, dass es anstatt einer Reform der Beratenden Kommission einen kompletten Neuanfang dieser braucht, da die Kommission intransparent ist und die Unabhängigkeit nicht gewährleistet ist (vgl. Bild vom 19. Februar 2019)?

16. Was ist nach Ansicht der Bundesregierung konkret für eine umfassende Reform der Beratenden Kommission notwendig, die darauf abzielt, den ehemaligen Besitzerinnen und Besitzer NS-verfolgungsbedingt entzogen Kulturobjekten bei der Suche nach ihrem rechtmäßigen Eigentum zu helfen?

Die Fragen 15 und 16 werden gemeinsam beantwortet.

Die Beratende Kommission ist als Mediationsstelle ein „alternativer Mechanismus zur Klärung strittiger Eigentumsfragen" im Sinne der Washingtoner Prinzipien. Die vorgeschaltete Suche nach NS-verfolgungsbedingt entzogenem Kulturgut fällt nicht in ihr Aufgabengebiet.

Im Jahr 2000 wurde unter www.lostart.de die vom Deutschen Zentrum Kulturgutverluste eingerichtete Lost Art-Datenbank online geschaltet. Dies erfolgte auch in Umsetzung des in der Washingtoner Erklärung als auch der Gemeinsamen Erklärung vorgesehenen Internet-Angebots. Die Datenbank verzeichnet Such- und Fundmeldungen zu NS-Raubgut sowie kriegsbedingt verbrachten Kulturgütern von in- und ausländischen Einrichtungen und Personen. Sie schafft Transparenz für Suchende wie auch für die Provenienzforschung insgesamt. Derzeit wird beim Deutschen Zentrum Kulturgutverluste eine zentrale Anlaufstelle für Anspruchsteller eingerichtet, die Orientierung und Unterstützung bietet, ein sogenannter „Help Desk". Opfer des NS-Regimes, ihre Nachkommen und Familien stoßen zum Teil auf Hürden wie Sprachprobleme oder die ihnen unvertraute deutsche Museumslandschaft. Diese Barrieren sollen abgebaut werden. So kann der „Help Desk" Prozesse erklären, bei der Korrespondenz unterstützen und Kontakte zu Einrichtungen vermitteln.

17. Teilt die Bundesregierung die Auffassung, dass im Falle des Scheiterns einer Mediation vor der Beratenden Kommission deren Parteien frei entscheiden können, ob sie danach zu Gericht gehen (bitte ausführlich begründen)?

Es wird auf die Antwort zu den Fragen 6 bis 10 verwiesen.

18. Vertritt die Bundesregierung die Auffassung, dass sich die Bestimmungen der Verfahrensordnung auch angesichts der dort feststellbaren Widersprüche zwischen materiellen und prozessualen Maßstäben der Empfehlungen, wie dies im Fall des Plakatsammlers H. S. gegen das Deutsche Historische Museum (DHM) im Jahr 2006 sichtbar wurde, nicht bewährt haben, da die Sonderrechtsnachfolgerinnen und Sonderrechtsnachfolger in diesem Fall nach einer unverbindlichen Empfehlung der Kommission später beim Bundesgerichtshof (BGH) Recht bekommen haben?

Die Beratende Kommission spricht rechtlich unverbindliche Empfehlungen aus. Im Übrigen wird auf die Antwort zu Frage 2 verwiesen.

19. Welche Schlüsse zieht die Bundesregierung aus dem Fall H. S. bezüglich der Notwendigkeit der Verankerung einer klaren Abgrenzung zwischen dem Charakter einer Mediation und gerichtlichen Verfahren (Rechtsprechungsmonopol der Gerichte) im Hinblick auf das Unterwerfungskriterium aus § 3 Absatz 1 der Verfahrensordnung?

Es wird auf die Antwort zu den Fragen 6 bis 10 verwiesen.

20. Wie müsste die Verfahrensordnung der Beratenden Kommission nach Auffassung der Bundesregierung geändert werden, damit grundsätzlich der Problematik unklarer Maßstäbe bei Entscheidungen begegnet werden könnte, namentlich mangelnder Kriterien bei dem Vorverfahren (nach § 4 der Verfahrensordnung), der Anhörung selbst und den Maßstäben bei der Beschlussfassung, und insbesondere neben öffentlichen Einrichtungen auch private Besitzerinnen und Besitzer von NS-verfolgungsbedingt entzogenem Kulturraubgut im Prozess der Rückgabe zur Verantwortung gezogen werden?

21. Kann die Verfahrensordnung einer unabhängigen Beratenden Kommission nach Ansicht der Bundesregierung nur durch Zustimmung der Kulturstaatsministerin bzw. der Länder geändert werden?

22. Plant die Bundesregierung, die Beratende Kommission dazu aufzurufen, eine Änderung der Verfahrensordnung vorzunehmen, angesichts der Erklärung der Kulturstaatsministerin in der Anhörung am 20. Februar 2019, dass nach einem Scheitern einer Mediation und dem Erlass einer für eine Seite nachteiligen Empfehlung niemand daran gehindert werden kann, Ansprüche bei den Gerichten geltend zu machen sowie der Bekundung von Prof. Dr. Wolf Tegethoff, er habe kein Problem, das Unterwerfungserfordernis aus der Verfahrensordnung zu streichen (was der erfolgreichen Anrufung von Gerichten in einem solchen Fall entgegenstehen könnte)?

Die Fragen 20 bis 22 werden aufgrund des Sachzusammenhangs gemeinsam beantwortet.

Die Beratende Kommission ist ein unabhängiges Gremium. Sie verantwortet ihre Arbeit und damit den Ablauf eines Verfahrens selbst. Sie hat dies in ihrer öffentlich zugänglichen Verfahrensordnung niedergeschrieben. Der Kommission steht es frei, jederzeit diese Verfahrensordnung zu aktualisieren, sofern der Wunsch und die Notwendigkeit für die Kommission dazu bestehen.

23. In wie vielen Fällen, bei denen die Beratende Kommission angerufen wurde, ist nach Kenntnis der Bundesregierung bislang ein Einverständnis des über das Kulturgut Verfügenden verweigert worden (bitte ausführlich die Hintergründe unter Nennung der über das Kulturgut Verfügenden und Datum erläutern)?

Der Bundesregierung ist ein solcher Fall bekannt. In einem weiteren Fall, bei dem die Anspruchstellerin die Zustimmung verweigerte, stehen die Parteien im Hinblick auf eine mögliche Kommissionsanrufung weiter in Verbindung. In einem dritten Fall, bei dem die Einrichtung die Zustimmung verweigerte, fand ein gerichtlicher Vergleich statt.

24. Welche Kenntnisse bzw. Hinweise hat die Bundesregierung betreffend der konkreten Zeitspanne, die von der Anrufung bis zur Erklärung des Einverständnisses des über das Kulturgut Verfügenden in allen bislang vor der Kommission behandelten Fällen notwendig war (bitte einzeln unter Nennung der betroffenen Einrichtung sowie ausführlicher Erläuterung der Gründe und des Datums, seit dem das Einverständnis angefordert wurde, bis zur Erklärung des Einverständnisses durch die Einrichtung auflisten)?

Die Bundesregierung hat diesbezüglich keine Kenntnisse.

25. Welche konkreten Überlegungen gab es von der Bundesregierung im Vorfeld der Ankündigung der Kulturstaatsministerin Prof. Monika Grütters, die sie während der Internationalen Fachkonferenz des DZK „20 Jahre Washingtoner Prinzipien: Wege in die Zukunft" Ende November 2018 in Berlin geäußert hatte, dass die einseitige Anrufbarkeit der Beratenden Kommission von anspruchsberechtigter Seite ermöglicht werden soll, und welche Stellen oder Personen waren im Vorfeld dieser Ankündigung beteiligt, bzw. welche Stellungnahmen wurden hierfür wann eingeholt, und welchen Inhalt hatten diese?

26. Vor dem Hintergrund welcher rechtlichen oder politischen Einschätzungen vertrat die Bundesregierung in diesem Zusammenhang die Auffassung, dass eine einseitige Anrufbarkeit der Beratenden Kommission von anspruchsberechtigter Seite bis dahin nicht möglich ist, und durch welche neuen Erkenntnisse wurde die Auffassung modifiziert?

Die Fragen 25 und 26 werden aufgrund des Sachzusammenhangs gemeinsam beantwortet.

Seit dem Haushaltsjahr 2019 werden bundesgeförderte kulturgutbewahrende Einrichtungen durch eine Auflage im Zuwendungsbescheid bzw. Zuweisungsschreiben verpflichtet, dem Wunsch von Anspruchstellern auf Anrufung der Beratenden Kommission zu folgen. Nach wie vor ist damit die Zustimmung beider Parteien notwendig. Dies kommt aber im Ergebnis – für die mit Bundesgeldern geförderten Kultureinrichtungen – der Ermöglichung einer einseitigen Anrufung durch Anspruchsteller gleich. Diese „einseitige" Anrufung ist auch ein politisches und moralisches Signal des Bundes an alle Einrichtungen und Private, sich der Anrufung der Beratenden Kommission nicht zu verschließen. Es sendet zusätzlich ein deutliches Zeichen an die jüdische Gemeinschaft, dass die Bundesregierung ernsthaft um die Aufarbeitung des NS-Kunstraubes bemüht ist. Im Übrigen wird auf die Antwort zu den Fragen 6 bis 10 verwiesen.

27. Teilt die Bundesregierung die Auffassung des Vorsitzenden der Beratenden Kommission Prof. Dr. Dres. h. c. Hans-Jürgen Papier, dass die fortgesetzte Kritik an der Kommission eine Folge davon ist, dass „[d]ie Arbeit der Kommission nicht die legitimierende und befreiende Wirkung [hat], die man sich erhoffte."

28. Teilt die Bundesregierung die Auffassung, dass die Ursache des Umstands, dass bislang lediglich nur 15 Fälle in insgesamt 15 Jahren vor der Kommission verhandelt wurden, darin liegen könnte, dass die derzeitige Verfahrensordnung der Kommission „[...] die Gründe, die in der Öffentlichkeit zu ihrer Delegitimierung immer wieder angeführt werden, nicht ausräumen [wird]"?

Die Fragen 27 und 28 werden aufgrund des Sachzusammenhangs gemeinsam beantwortet.

Die Beratende Kommission ist ein „alternativer Mechanismus zur Klärung strittiger Eigentumsfragen". Die Beratende Kommission ist damit ein Hilfsangebot, wenn eine Verständigung sonst nicht erreichbar ist. Die Anrufung der Beratenden Kommission in bislang 15 Fällen zeigt vielmehr, dass viele Kultureinrichtungen auch ohne Vermittlung Außenstehender zu „gerechten und fairen Lösungen" bereit sind (siehe dazu auch die Antwort zu Frage 50).

29. Welche Überlegungen hat die Bundesregierung bislang angestrengt oder welche plant diese zu unternehmen, um die aktuelle Zusammensetzung der Mitglieder der Beratenden Kommission zu erweitern?

Überlegungen zur Weiterentwicklung der Beratenden Kommission werden fortlaufend angestellt.

30. Welche Überlegungen hat die Bundesregierung bislang angestrengt oder welche plant diese zu unternehmen, um die Entscheidungsabläufe der Beratenden Kommission effektiver zu gestalten?

Es wird auf die Antwort zu den Fragen 20 bis 22 verwiesen.

31. Welche Überlegungen hat die Bundesregierung bislang angestrengt oder welche plant diese zu unternehmen, um die Transparenz durch ausführliche Dokumentation, öffentliche Verfügbarmachung der Entscheidungen und Begründungen der Beschlüsse, aber auch der Hintergründe der Ablehnungen durch die Beratende Kommission öffentlich in deutscher und englischer Sprache online verfügbar zu machen?

Die Beratende Kommission begründet ihre Empfehlungen schriftlich. Die Geschäftsstelle der Beratenden Kommission veröffentlicht diese auf deren Internetauftritt, abrufbar über die Homepage des Deutschen

Zentrums Kulturgutverluste sowohl in deutscher als auch in englischer Sprache.

32. *Welche Überlegungen hat die Bundesregierung bislang angestrengt oder welche plant diese zu unternehmen, um die Unabhängigkeit der Beratenden Kommission von dem DZK zu gewährleisten? Durch welche Bestimmungen in der Satzung der Stiftung des Deutschen Zentrums für Kulturgutverluste sieht die Bundesregierung die volle Unabhängigkeit der Stiftung gewährleistet?*

Überlegungen zur Weiterentwicklung der Beratenden Kommission werden fortlaufend angestellt. Im Übrigen ist die Beratende Kommission unabhängig. Es wird auf die Satzung des Deutschen Zentrums Kulturgutverluste verwiesen, insbesondere auf § 2 Absatz 6.

Rückerstattungsgesetzgebung

33. Welche Schritte sieht die Bundesregierung als notwendig an, um die von Kulturstaatsministerin Prof. Monika Grütters getätigte Äußerung, „dass Deutschland alles in seiner Macht Stehende tun werde, um das NS-Raubkunst-Problem ein für alle Mal zu lösen" und um damit der Verantwortung, die Deutschland in diesem Zusammenhang trägt, gerecht zu werden (vgl. Die Welt vom 18. November 2018)?

Die Bundesregierung prüft fortlaufend, welche Möglichkeiten es gibt, die Aufarbeitung des NS-Kunstraubs noch voranzubringen, insbesondere um die zivilrechtliche Rechtsposition der Alteigentümer von NS-verfolgungsbedingt entzogenem Kulturgut zu verbessern. Im Übrigen wird verwiesen auf die Rede von Kulturstaatsministerin Prof. Monika Grütters bei der Fachkonferenz „20 Jahre Washingtoner Prinzipien: Wege in die Zukunft" vom 26. November 2018 in Berlin.

34. Sieht die Bundesregierung Hürden, die es ehemaligen Eigentümerinnen und Eigentümer und deren Erben verwehrt, Gerechtigkeit bei der Restitution von NS-verfolgungsbedingt entzogenen Kulturobjekten und jenen, die diesbezüglich unter Verdacht stehen, zu erfahren?

a) Wenn ja, welche, und wie könnten diese Hürden aus Sicht der Bundesregierung abgebaut werden?

b) Wenn nein, wieso nicht?

Mögliche Schwierigkeiten der Betroffenen sind in dem langen Zeitablauf und den dadurch sowie durch den häufig eingetretenen Generationenwechsel zunehmend auftretenden Beweisschwierigkeiten begründet. Darüber hinaus erlaubt die Rechtsordnung aus Gründen der Rechtssicherheit nicht ohne Weiteres Eingriffe in abgeschlossene Sachverhalte, die durch den Eintritt der Verjährung von Herausgabeansprüchen oder durch den Eigentumserwerb im Wege der (gutgläubigen) Ersitzung bedingt sein können.

35. *Welche Kenntnisse oder Hinweise hat die Bundesregierung betreffend der Beratungen, des Austauschs sowie der Anfertigung von Stellungnahmen oder Prüfungen zum Thema Einrede der Verjährung (Dreißigjährige Verjährungsfrist nach § 197 des Bürgerlichen Gesetzbuchs), insbesondere im Kontext eines Herausgabeanspruch ehemaliger Eigentümerinnen und Eigentümer bzw. deren Sonderrechtsnachfolger, die seit 9. Mai 1975 von oder für deutsche Stellen bzw. vom Bund geförderten öffentlichen Einrichtungen angefordert wurden, sowie aller Vorgänge, in denen öffentliche Stellen sich betreffend der Einrede der Verjährung unter Einbeziehung des Bundes ausgetauscht oder verständigt haben oder dies in den jeweiligen Behörden thematisiert wurde (bitte ausführlich nach Datum, Inhalten und beteiligten Stellen oder Einzelpersonen durch Nennung ihrer Funktion erläutern)?*

Zu der vom Gegenstand her kaum und zeitlich auf einen Zeitraum ab 9. Mai 1975 eingeschränkten Frage liegen der Bundesregierung keine Erkenntnisse vor.

36. Vertritt die Bundesregierung die Auffassung, dass ein gutgläubiger Erwerb bei NS-Kulturgutraub ausgeschlossen ist, sowohl im Falle eines Erwerbs durch öffentliche Einrichtungen als auch privaten Erwerb? Wenn nein, warum nicht (bitte ausführlich begründen)?

Ein gutgläubiger Erwerb ist nach deutschem Recht grundsätzlich ausgeschlossen, wenn die Sache „dem Eigentümer gestohlen worden, verloren gegangen oder sonst abhandengekommen war" (vgl. § 935 Absatz 1 Satz 1 des Bürgerlichen Gesetzbuches – BGB). Ein gutgläubiger Erwerb solcher Sachen ist nach § 935 Absatz 2 BGB nur dann möglich, wenn die Sache im Wege einer öffentlichen Versteigerung oder in einer Versteigerung nach § 979 Absatz 1a BGB veräußert wurde. Ein Erwerb im Wege der Ersitzung setzt voraus, dass der Erwerber bei dem Erwerb des Eigenbesitzes in gutem Glauben ist und auch später nicht erfährt, dass ihm das Eigentum nicht zusteht (§ 937 Absatz 2 BGB), und ist demnach auch möglich, wenn die Sache gestohlen, verloren gegangen oder sonst abhandengekommen war.

37. Welche Kenntnisse oder Hinweise hat die Bundesregierung darüber, ob NS-verfolgungsbedingt entzogene Kulturobjekte vermehrt in den 1970er Jahren in öffentlichen Auktionen angeboten wurden und ggf. auch von öffentlichen Einrichtungen erworben wurden, und ein Zusammenhang mit dem Ablauf der Verjährungsfristen bestehen könnte, in dessen Folge die ehemaligen Eigentümerinnen und Eigentümer einen Herausgabeanspruch nicht umsetzten können?

Die Bundesregierung hat diesbezüglich keine Kenntnisse.

38. Welche Konsequenzen zieht die Bundesregierung aus dem Umstand, dass nach Ansicht der Fragesteller für die Rückgabe von NS-verfolgungsbedingt entzogenen Kulturraubgütern eine besondere Sorgfaltspflicht und ein Tätigwerden des Bundes an den Tag gelegt werden muss, damit es im Sinne der Entschließung des Europäischen Parlaments vom 17. Januar 2019 zu grenzübergreifenden Forderungen nach Rückgabe von Beutekunst aus bewaffneten Konflikten und Kriegen (2017/2023(INI)) zu keiner nachträglichen Legalisierung des staatlich planmäßig organisierten Massenraubmords kommt?

Nach Auffassung der Bundesregierung führt die aktuelle Gesetzeslage in Deutschland nicht zu einer „nachträglichen Legalisierung staatlich planmäßig organisierten Massenraubmords". Unter anderem um NS-verfolgungsbedingt entzogene Kulturgüter besser identifizieren und damit Rückgaben überhaupt erst ermöglichen zu können, hat der deutsche Gesetzgeber mit dem Inkrafttreten des Kulturgutschutzgesetzes am 6. August 2016 verbindliche Sorgfaltspflichten für das Inverkehrbringen von Kulturgut eingeführt. Dabei sind die Anforderungen für den gewerblichen Handel besonders hoch, wenn nachgewiesen oder zu vermuten ist, dass ein Kulturgut NS-verfolgungsbedingt entzogen wurde. Damit geht das Kulturgutschutzgesetz über die Schweizer Regelung hinaus, welche in Nummer 22 der von den Fragestellern in Bezug genommenen Entschließung des Europäischen Parlaments als Vorbildregelung genannt wird. Im Übrigen wird auf die Antwort zu Frage 33 verwiesen.

39. Welche Kenntnisse hat die Bundesregierung über die Möglichkeit der Ersitzung von NS-verfolgungsbedingt entzogenen Kulturraubgütern durch öffentliche Einrichtungen bzw. durch private Besitzerinnen und Besitzer (bitte ausführlich begründen)?

Auf die Antwort zu Frage 36 wird verwiesen.

40. Teilt die Bundesregierung die Einschätzung von Prof. Dr. Dres. h. c. Hans-Jürgen Papier, dass angesichts des Ablaufs der Fristen der alliierten Rückerstattungsgesetzgebung ein verfassungsrechtliches Rückwirkungsverbot gegenüber privaten Besitzerinnen und Besitzern oder über das Kulturgut verfügenden öffentlichen Einrichtungen jedenfalls dann nicht greift, wenn diese bösgläubig erworben wurden?

Nach Auffassung der Bundesregierung sind Regelungen, die mit einer echten Rückwirkung verbunden sind, nur unter engen Voraussetzungen möglich. Das Verbot kann durchbrochen werden, wenn zwingende Gründe des gemeinen Wohls vorliegen, die das schutzwürdige Vertrauen des Einzelnen überwiegen. Dabei kann die Bösgläubigkeit des Erwerbs ein wesentlicher Gesichtspunkt sein.

41. Welche Überlegungen bzw. Planungen hat die Bundesregierung seit der Verabschiedung der Washingtoner Erklärung angestellt, und welche Gespräche betreffend Planungen oder Vereinbarungen mit zuständigen Behörden, insbesondere unter Einbindung der Länder, wurden im Hinblick auf die Möglichkeit einer Entschädigung heutiger gutgläubiger Besitzerinnen und Besitzer von NS-verfolgungsbedingt entzogenen Kulturraubgütern getroffen?

42. Welche Kenntnisse hat die Bundesregierung bezüglich der Planungen, Gespräche oder eines Austauschs entsprechender Stellen im Hinblick auf die Einrichtung eines Fonds, um Restitutionen zu erleichtern und heutige Besitzerinnen und Besitzer nach Rückgabe an rechtmäßige Eigentümerinnen und Eigentümer in solchen Fällen zu entschädigen, sofern diese Besitzerinnen und Besitzer diese Objekte gutgläubig erworben haben und eine NS-verfolgungsbedingte Herkunft nicht annehmen konnten?

Die Fragen 41 und 42 werden aufgrund ihres Sachzusammenhangs gemeinsam beantwortet.

Auf die Antwort der Bundesregierung zu den Fragen 1 und 2 der Kleinen Anfrage der Fraktion DIE LINKE wird verwiesen.

Digitalisierung

43. *Wie viele Forscherinnen und Forscher sind gegenwärtig ausschließlich mit der Untersuchung der Provenienz von Kulturobjekten beschäftigt, die sich im Besitz des Bundes oder öffentlicher Einrichtungen befinden und unter Verdacht stehen, NS-verfolgungsbedingt entzogen worden zu sein, und anhand welcher Kriterien wurde der Verdacht definiert, und für wie vielen Kulturobjekte werden aktuell Provenienznachforschungen durchgeführt?*

44. *Bei wie vielen Kulturobjekten, die sich im Besitz des Bundes oder öffentlicher Einrichtungen befinden, ist nach Ansicht der Bundesregierung die Provenienz ungeklärt, und wie steht diese Zahl in Relation zu allen anderen Kulturobjekten, insbesondere aus kolonialen Kontexten, und wie steht die Bundesregierung zu den in diesem Zusammenhang von dem Präsident des World Jewish Congress, Ronald S. Lauder geäußerten Anzahl von 2 500 Kulturobjekten (vgl. Bild vom 19. Februar 2019, bitte die Zahlen entsprechend nach Kontexten aufschlüsseln und in Relation setzen)?*

45. *Wie lange würde es nach Einschätzung der Bundesregierung mit dem derzeitigen zur Provenienz arbeitenden Personal der Bundesverwaltung dauern, bis die Provenienz aller 2 500 noch unter Verdacht stehenden NS-verfolgungsbedingt entzogenen Kulturobjekte, die sich im Besitz des Bundes oder öffentlicher Einrichtungen befinden, geklärt ist (vgl. www.spiegel.de/kultur/gesellschaft/raubkunst-bundesregierung-besitzt-2500-in-verdacht-stehendewerke-a-1247338.html)?*

Die Fragen 43 bis 45 werden aufgrund des Sachzusammenhangs gemeinsam beantwortet.

Die Bundesrepublik Deutschland prüft seit dem Jahr 2000 fortlaufend anhand neuer Quellenlagen die Provenienz aller in ihrem Eigentum befindlichen Kunstwerke aus Reichsbesitz, bei denen der Verdacht eines NS-verfolgungsbedingten Entzuges bisher nicht bestätigt bzw. nicht ausgeschlossen werden konnte. Im Mittelpunkt der Recherchen nach der Herkunft der Werke steht die Klärung der Eigentumsverhältnisse zwischen den Jahren 1933 und 1945, um einen möglichen NS-verfolgungsbedingten Entzug aufzuklären und entzogene Kunstwerke zügig zu restituieren. Dabei ist zu unterscheiden zwischen Kunstwerken mit ungeklärter Provenienz und Kunstwerken, hinsichtlich derer ein konkreter Raubkunstverdacht besteht: Für den Teil des Kunstbestandes des Bundes aus Reichsbesitz, dessen Provenienz zwischen den Jahren 1933 und 1945 bislang anhand der zur Verfügung stehenden Quellen nicht abschließend geklärt werden konnte, kann zunächst die Möglichkeit, dass die Kunstwerke NS-verfolgungsbedingt entzogen wurden, nicht bestätigt, aber auch nicht ausgeschlossen werden; ein konkreter Raubkunstverdacht besteht in all diesen Fällen jedoch nicht. Unter konkretem Raubkunstverdacht stehen die Werke im Einzelfall erst dann, wenn für den fraglichen Zeitraum ermittelt werden kann, dass sie einer Person gehörten, die Verfolgungsmaßnahmen der Nationalsozialisten ausgesetzt war. In diesen Fällen muss die weitere Prüfung u. a. ergeben, dass der Eigentumsverlust auf diese Verfolgungsmaßnahmen zurückzuführen ist. Für 2783 Werke aus dem Kunstbestand des Bundes aus Reichsbesitz konnte bislang die Provenienz nicht abschließend geklärt werden; hier werden kontinuierlich weitere Recherchen anhand neuer Quellen durchgeführt. Für keines dieser Werke besteht zum jetzigen Zeitpunkt ein konkreter Raubkunstverdacht. Mit der Untersuchung der Provenienz der Kulturobjekte des Bundes aus ehemaligem Reichsbesitz sind gegenwärtig 2,8 Stellen beauftragt (Stand: 3. April 2019). Nach derzeitigem Kenntnisstand befinden sich im Ressorteigentum des Bundes keine Kulturobjekte aus kolonialen Kontexten. Aussagen zu öffentlichen Einrichtungen können seitens der Bundesregierung im Übrigen nicht getroffen werden, da die Einrichtungen sich überwiegend in der Trägerschaft von Ländern und Kommunen befinden.

46. Welche Kenntnisse hat die Bundesregierung über den aktuellen Stand und die öffentliche Verfügbarkeit der Ergebnisse der Provenienzforschung bezüglich von Kulturobjekten, die sich in mehr als 5000 öffentlichen Museen in Deutschland befinden?

a) Wie, und mit welchen Mitteln fördert die Bundesregierung diese Forschung und deren öffentliche Verfügbarmachung?
b) Sollte es darüber keine Kenntnisse geben, womit wird diese Wissenslücke begründet?

47. Was sind die Hintergründe für die nach Ansicht der Fragesteller bislang nur ungenügend umgesetzte Digitalisierung und öffentliche Verfügbarmachung aller Inventarlisten, der Beschaffungsvorgänge der Sammlungen und Depots aller öffentlichen Einrichtungen angesichts der Tatsache, dass u. a. Schutzfristen bereits abgelaufen sind?

48. Was hat die Bundesregierung seit Verabschiedung der Washingtoner Prinzipien unternommen, um alle öffentlichen Einrichtungen dazu zu verpflichten, ihre Inventarlisten sowie Informationen über Beschaffungsvorgänge online zugänglich zu machen, um einen Verdacht betreffend des möglichen Besitzes NS-verfolgungsbedingt entzogener Kulturgüter vollständig auszuräumen (bitte ausführlich erläutern und nach zuständigen Stellen, Datum und Finanzvolumen auflisten)?

Die Fragen 46 bis 48 werden aufgrund des Sachzusammenhangs gemeinsam beantwortet.

Aufgrund des Föderalismus und der Kulturhoheit der Länder gibt es keine zentrale Erfassung zu den in den Fragen 46 bis 48 erfragten Daten. Beim Kulturpolitischen Spitzengespräch des Bundes mit den Ländern und kommunalen Spitzenverbänden werden auch Aspekte des Umgangs mit NS-Raubkunst und der Digitalisierung besprochen. Siehe zur Forschungsdatenbank, die im Januar 2020 ihren Regelbetrieb aufnehmen soll und zur Digitalisierung im Allgemeinen.

Im Übrigen wird auf die Antwort zu Frage 51 verwiesen.

49. Auf Grundlage welcher eignen Berechnungen oder Hinweise vertritt die Bundesregierung die Auffassung, die von der Kulturstaatsministerin während der Anhörung vom 20. Februar 2019 im Ausschuss für Kultur und Medien geäußert wurde, nach der eine Schätzung der Sachverständigen von der Commission for Art Recovery, dass sich noch immer mindestens 1000 Werke in deutschen öffentlichen Einrichtungen befinden, die im Verdacht stehen, Raubkunst zu sein und nicht aufgearbeitet wurden, eine Unterstellung wäre?

Nach Kenntnis der Bundesregierung existieren keine empirisch gewonnenen Zahlen zum Umfang sowohl der noch nicht erforschten Bestände kulturgutbewahren der Einrichtungen in Deutschland als auch des Anteils an Beständen, die im Verdacht stehen, NS-verfolgungsbedingt entzogen zu sein.

50. Auf Grundlage welcher eignen Berechnungen oder Hinweise vertritt die Bundesregierung die Auffassung, es gäbe neben den 15 Fällen, die vor der Beratenden Kommission verhandelt wurden, 1000 Rückgabefälle, die ohne öffentliches Wissen stattgefunden haben, weil oft abseits der Öffentlichkeit einvernehmliche Regelungen gefunden werden (bitte nach betroffenen Bundesländern und wenn möglich betroffener Einrichtung, geschätztem Wert des Werks und Datum der Rückgabe auflisten seit Einrichtung der Beratenden Kommission)?

Die Äußerung von Staatsministerin Prof. Grütters stützt sich auf eine Auskunft des Deutschen Zentrums Kulturgutverluste sowie auf Informationen von kulturgutbewahrenden Einrichtungen, die der Bundesregierung vorliegen. Nach Kenntnis des Deutschen Zentrums Kulturgutverluste wurden seit Erklärung der Washingtoner Prinzipien von 1998 bis September 2018 in Deutschland – soweit aufgrund der föderalen Strukturen überhaupt bekannt – mehr als 5 700 Kulturgüter restituiert. Hinzu kommen weit mehr als 11 000 Bücher und anderes Bibliotheksgut. Dies sind nur die Fälle, von denen die Bundesregierung Kenntnis hat. Durch föderale Zuständigkeiten und weil Restitutionen nicht zentral erfasst werden, sind diese Zahlen unvollständig. Einige der Bundesregierung bekannte Beispiele: Die Stiftung Preußischer Kulturbesitz hat seit dem Jahr 1998 über 350 Museumsobjekte und über 2 000 Bücher restituiert. Die Klassik Stiftung Weimar hat seit dem Jahr 2005 2 494 Objekte zurückgegeben (ganz überwiegend Bücher), bei den Staatlichen Kunstsammlungen Dresden waren es seit dem Jahr 1990 insgesamt 519 Objekte aus NS-verfolgungsbedingtem Entzug (darunter keine Bücher).

51. Welche konkreten Planungen hat die Bundesregierung im Hinblick darauf, alle Kunstobjekte, die sich in Besitz des Bundes oder im Besitz vom Bund geförderten öffentlichen Einrichtungen befinden, insbesondere die, bei denen sich die Eigentums- und Besitzverhältnisse zwischen 1933 und 1945 geändert haben könnten, öffentlich und digital und mit Abbildungen zu katalogisieren? Fördert die Bundesregierung solche Projekte auf anderen Ebenen? Wenn ja, mit welchen Mitteln, und bis wann?

Die Kunstobjekte im Eigentum des Bundes aus Reichsbesitz mit ungeklärter Provenienz zwischen den Jahren 1933 und 1945 werden bereits seit dem Jahr 2007 öffentlich und digital und mit Abbildungen über www.provenienzdatenbank.bund.de und darüber hinaus in der heute vom Deutschen Zentrum Kulturgutverluste betreuten Onlinedatenbank veröffentlicht.

52. Ist die Bundesregierung bereit, den Prozess der Restitution im Sinne der Washingtoner Prinzipien dadurch zu beschleunigen, dass Maßnahmen zur Digitalisierung auch Projekte umfassen, die provisorischen Charakter haben, um vorhandene Informationen öffentlich zugänglich zu machen, oder sollen nach Auffassung der Bundesregierung nur solche gefördert werden, die hohe wissenschaftliche Standards erfüllen?

53. Ist die Bundesregierung bereit, den Prozess der Restitution im Sinne der Washingtoner Prinzipien dadurch zu beschleunigen, dass Maßnahmen zur Digitalisierung auch Projekte umfassen, namentlich die Erstellung von Foto-Datenbanken durch Mitarbeiterinnen und Mitarbeiter von über das Kulturgut Verfügenden, die nicht von professionellen Fotografinnen und Fotografen erstellt werden, sich jedoch in der Praxis angesichts ungenügender Digitalisierung bei Provenienzforscherinnen und Provenienzforschern bewährt haben oder könnten?

Die Fragen 52 und 53 werden gemeinsam beantwortet.

Die Bundesregierung begrüßt alle Maßnahmen, die zur Erfassung und Digitalisierung von Kulturgütern unternommen werden. Über die konkrete Ausgestaltung von Maßnahmen zur Digitalisierung entscheiden die jeweiligen Einrichtungen, auch soweit sie bundesgefördert sind, in eigener fachlicher Verantwortung.

***

Washington Declaration, 15. Juli 2021
Bekenntnis von Präsident Joe Biden und Bundeskanzlerin Angela Merkel

Der Präsident der Vereinigten Staaten und die Bundeskanzlerin von Deutschland bekräftigen heute ihr Bekenntnis zu einer engen bilateralen Zusammenarbeit bei der Förderung von Frieden, Sicherheit und Wohlstand in der Welt.

Die Grundlage unserer Beziehungen ist ein gemeinsames Bekenntnis zu demokratischen Grundsätzen, Werten und Institutionen. Gemeinsam werden wir die Rechtsstaatlichkeit aufrechterhalten, Transparenz und gute Regierungsführung fördern und die Zivilgesellschaft und unabhängige Medien unterstützen. Wir werden die Rechte und die Würde aller Menschen verteidigen und Ungerechtigkeit und Ungleichheit bekämpfen, wo immer sie auftritt. Wir halten die universellen Werte hoch, die im Mittelpunkt der Charta der Vereinten Nationen stehen, und verpflichten uns gemeinsam, die Achtung der Menschenrechte überall zu fördern, auch indem wir Menschenrechtsverletzungen ablehnen und gemeinsam darauf reagieren. Wir müssen jetzt handeln, um zu zeigen, dass die Demokratie für unser Volk zu Hause und die demokratische Führung für die Welt von Nutzen ist.

Wir verpflichten uns, eine offene Welt zu verteidigen. Überall auf der Welt müssen alle Nationen die Freiheit haben, ihre politische Zukunft frei von ausländischer Einmischung, Zwang oder Beherrschung durch äußere Mächte zu bestimmen. Als zwei Nationen, deren Wirtschaft vom freien Warenverkehr in der Welt abhängt, bekräftigen wir die entscheidende Bedeutung der Freiheit der Schifffahrt und des Überflugs sowie anderer rechtmäßiger Nutzungen der Meere im Einklang mit dem Völkerrecht. Diese Vision ist unerreichbar in einer Welt, die in konkurrierende Einflusssphären aufgeteilt ist, und wir werden uns Versuchen widersetzen, diese zu schaffen, sei es durch Versuche territorialer Annexion, Kontrolle digitaler Infrastruktur, transnationaler Unterdrückung oder waffenfähiger Energieströme.

Mehr als drei Jahrzehnte nach der deutschen Wiedervereinigung werden wir uns weiterhin unermüdlich für ein Europa einsetzen, das ganz, frei und in Frieden ist. Wo äußere Mächte der Verwirklichung dieser Vision im Wege stehen, werden wir uns zusammenschließen, um gemeinsam unsere Verteidigung zu stärken, unsere Widerstandsfähigkeit zu kultivieren und unsere Solidarität zu verbessern. Die NATO wird der Eckpfeiler dieser Bemühungen bleiben, und unser Bekenntnis zu Artikel 5 ist unumstößlich. Wir unterstreichen die Notwendigkeit, auf unseren Bündnissen und Partnerschaften aufzubauen, um die vor uns liegenden Herausforderungen zu bewältigen – einschließlich Cyber-Bedrohungen, Energiesicherheit, Desinformation, Korruption, Rückschritte bei der Demokratie und Einmischung in unsere Wahlen.

Wir werden zusammenarbeiten, um sicherzustellen, dass die Regeln, Normen und Standards, die für die neuen Technologien gelten, der Freiheit dienen und nicht der Unterdrückung. Wenn die Technologie das Leben unserer Bürger, unsere Volkswirtschaften und unser geopolitisches Umfeld umgestaltet, muss sie unsere demokratischen Grundwerte widerspiegeln. Wir werden die Zusammenarbeit zwischen unseren Wissenschaftlern, Ingenieuren und Mathematikern vertiefen, um sicherzustellen, dass die großen Innovationen dieses Jahrhunderts die demokratische Staatsführung fördern und nicht den Autoritarismus. Die Staaten müssen die Rechte der Bürger schützen, und wir werden uns gegen den Einsatz und die Verbreitung von Überwachungstechnologien wehren, die die Ausübung der Menschenrechte unzulässig einschränken.

Wir erkennen unsere Verantwortung an, bei der Entwicklung globaler Lösungen für gemeinsame Herausforderungen eine Führungsrolle zu übernehmen. Das Leben unserer Bürger wird durch eine Reihe von internationalen Kräften gestört, die eine gemeinsame Antwort erfordern. Wir verpflichten uns, dringend Maßnahmen zur Bewältigung der Klimakrise zu ergreifen, u. a. durch die Gründung der Klima- und Energiepartnerschaft, um die Zusammenarbeit bei den politischen Maßnahmen und Energietechnologien zu vertiefen, die zur Beschleunigung der globalen Netto-Null-Umstellung erforderlich sind. Wir werden daran arbeiten, die globale Gesundheit und Gesundheitssicherheit zu stärken, einschließlich der Widerstandsfähigkeit gegen künftige Pandemien. Wir werden uns unermüdlich für einen nachhaltigen globalen Wirtschaftsaufschwung einsetzen, der auf einer fairen, inklusiven, nachhaltigen und regelbasierten Weltwirtschaft für das 21. Jahrhundert aufbaut. Mit gemeinsamer Stärke und Erfindungsgabe werden wir neue Lösungen für diese neuen Herausforderungen entwickeln – und sowohl auf bilateraler Ebene als auch in der G7 und der G20 zusammenarbeiten, um sicherzustellen, dass das multilaterale System, einschließlich der Vereinten Nationen, den Anforderungen unserer Zeit gerecht werden kann.

Seit dem Ende des Zweiten Weltkrieges haben unzählige Menschen aus allen Bereichen des Lebens – einschließlich Wirtschaft und Wissenschaft, Zivilisten und Uniformierte, zivilgesellschaftliche Organisationen, Denkfabriken und akademische Netzwerke – das Band zwischen unseren beiden Nationen gestärkt und vertieft. Als dauerhafte Demonstration unserer bilateralen Beziehungen und unseres Bekenntnisses zu den oben genannten Grundsätzen rufen wir ein deutsch-amerikanisches Zukunftsforum ins Leben, das die Expertise und Innovationskraft unserer Gesellschaften in vollem Umfang nutzen und Lösungen für die gemeinsame Gestaltung unserer Zukunft empfehlen wird. Um die Zusammenarbeit in wichtigen wirtschaftlichen Fragen zu erleichtern, werden wir außerdem einen deutsch-amerikanischen Wirtschaftsdialog einrichten.

Joseph R. Biden, Jr.
Angela Merkel
15. Juli 2021

Ein ausgewählter Querschnitt der Reaktionen in der Öffentlichkeit

Julia Voss, Der längere Hebel. Rückgabestreit um ein Picasso-Gemälde, in: FAZ, 3. April 2011

Michael Sontheimer, Wem gehört Madame?, in: Der Spiegel, 16. Oktober 2011

Britta Schultejan, Raubkunst-Streit mit Pinakothek, in: Stern, 18. Oktober 2011

Victor Eskenasy, Artă, istorie şi memorie în Germania, Radio Europa, 19. Oktober 2011

Horst Freudenthaler und Ulrich Stoll, Erben gegen Museen. Streit um Bilder jüdischer Sammler, in: Frontal 21, ZDF, 21. Oktober 2011

Kevin Koerninger, Heirs Sue Bavaria for Nazi-Looted Picasso, in: Courthouse News Service, 29. März 2013

Wem gehört die Madame? Gunnar Schnabel im Gespräch mit Gabi Wuttke, Deutschlandfunk, 2. April 2013

Daland Segler, „Die letzte Phase der Arisierung", in: FR, 13. Februar 2014

Nicholas O'Donnell, Claims by Mendelssohn Bartholdy Heirs over Picasso „Madame Soler", in: Art Law Report, 1. Juli 2014

Catrin Lorch, Bleibt Picassos „Madame Soler" in München?, in: SZ, 17. Januar 2019

Bernhard Maaz im Gespräch mit Michael Köhler, Deutschlandfunk, 18. Januar 2019

Catherine Hickley, National Gallery of Art Returns Picasso Work to Settle Claim, in: New York Times, 31. März 2020

Sebastian Smee, Picasso portrait returned by National Gallery to heirs of Jewish banker persecuted by Nazis, in: The Washington Post, 1. April 2020

Jan Kixmüller, Ein Picasso für die Erbengemeinschaft Mendelssohn-Bartholdy, in: Potsdamer Neueste Nachrichten, 8. April 2020

Catherine Hickley, Was This Picasso Lost Due to the Nazis? Heirs Say Yes. Bavaria Says No, in: New York Times, 8. Juni 2021

Jörg Häntzschel, Der Fehler liegt im System. Bayern weigert sich nicht nur, Picassos „Madame Soler" zu restituieren, es lehnt auch die Prüfung durch die Beratende Kommission ab, in: SZ, 9. Juni 2021

Andreas Förster, Söder untergräbt die Rolle der Limbach-Kommission. Das Land Bayern weigert sich beharrlich, im Restitutionsfall von Picassos Bild „Madame Soler" die Beratende Kommission anzurufen, in: Berliner Zeitung, 24. Juni 2021

Ralf Balke, Wem gehört Madam Soler? Nach vielen Jahren Rückgabestreit um ein Picasso-Gemälde könnte nun Bewegung in den Fall kommen, in: Jüdische Allgemeine, 12. Oktober 2021

Astrid Mayerle, Der Fall Madame Soler. Warum die Klärung möglicher Restitutionsfälle so schwierig und langwierig ist, in: BR Kulturjournal, 23. Januar 2022

Abkürzungsverzeichnis

BGB	Bürgerliches Gesetzbuch
BGH	Anwaltskanzlei Byrne, Goldenberg & Hamilton
BR	Bayerischer Rundfunk
BRüG	Bundesrückerstattungsgesetz
BStGS	Bayerische Staatsgemäldesammlungen
BT	Deutscher Bundestag
CAR	Commission for Art Recovery
DZK	Deutsches Zentrum Kulturgutverluste
EMRK	Europäische Menschenrechtskonvention
FAZ	Frankfurter Allgemeine Zeitung
FR	Frankfurter Rundschau
GG	Grundgesetz
ICOM	International Council of Museums
JCC	Jewish Claims Conference
KMN	Magazin Kultur Management Network
KUR	Journal für Kunstrecht, Urheberrecht und Kulturpolitik
LAB	Landesarchiv Berlin
MoMA	Museum of Modern Art, New York
NGO	Non-Governmental Organization
NYT	New York Times
PvMB	Paul von Mendelssohn-Bartholdy
StM	Staatsminister
SZ	Süddeutsche Zeitung
UEK	Unabhängige Expertenkommission Schweiz
VermG	Vermögensgesetz
ZADIK	Zentralarchiv für deutsche und internationale Kunstmarktforschung

Personenregister

Paul von Mendelssohn-Bartholdy (PvMB) und Pablo Picasso, beide sehr häufig im Buch genannt, werden nicht ausdrücklich noch einmal im Register mit Seitenangaben aufgeführt.

Abbildungsverzeichnis

Nr.	Eink. Dat.	Firma		M.S.Fa.	Meister
~~1642~~		[illegible]		61314	Rodin
1643	31.8.35	Gal. Thannhauser Berlin		[illegible]	Degas
~~1644~~	„	„		10743	„
1645	„	„	Pr.K.	10797	P. Gauguin
1646	„	„		10652	A. Maillol
1647	„	„		10653	„
1648	„	„		10654	„
1649	„	„	Pr.K.		Picasso abgeb. rechts oben
1650	„	„	Pr.K.		„
1651	„	„	Pr.Kraft.		„
1652	„	„	Pr.K.		„
1653	„	„	Pr.K.		„
1654	„	„		60509	W. Busch
1655	„	„		60508	„
1656	„	„	Pr.K.	10680	Cézanne
1657	„	„	Pr.K.	10679	„
1658	„	„	Pr.K.	61222	„
1659	„	„	Pr.K.	60873	„
1660	„	„	Pr.K.	10788/6	„
1661	„	„	Pr.K.	10714	Chagall
1662	„	„		60171	Corinth
1663	„	„		60268	„
1664	„	„		60371	„